U0621346

中华爱国
人物故事
ZHONGHUA AIGUO RENWU GUSHI

生当做人杰的
爱国词人李清照

伊　鸥　编著

吉林人民出版社

图书在版编目(CIP)数据

　　生当做人杰的爱国词人李清照 / 伊鸥编著. -- 长春
: 吉林人民出版社, 2011.5
　　(中华爱国人物故事)
　　ISBN 978-7-206-07866-8

　　Ⅰ.①生… Ⅱ.①伊… Ⅲ.①李清照(1084~约
1151) – 生平事迹 Ⅳ.①K825.6

　　中国版本图书馆CIP数据核字(2011)第075775号

生当做人杰的爱国词人李清照

SHENG DANG ZUO REN JIE DE AIGUO CIREH LI QINGZHAO

编　　著:伊　鸥

责任编辑:葛　琳　　　　　　　　封面设计:七　洱

吉林人民出版社出版 发行(长春市人民大街7548号　邮政编码:130022)

印　　刷:鸿鹄(唐山)印务有限公司

开　　本:670mm×950mm　　　　1/16

印　　张:8　　　　　　　　字　　数:70千字

标准书号:ISBN 978-7-206-07866-8

版　　次:2011年5月第1版　　　印　　次:2023年6月第4次印刷

定　　价:35.00元

如发现印装质量问题,影响阅读,请与出版社联系调换。

总　序

胡维革

　　《中华爱国人物故事》是一套故事丛书。它汇集了我国历史上80位古圣先贤、民族英雄、志士仁人、革命领袖、先进模范人物的生动感人史迹，表现了作为中华民族优秀传统的伟大的爱国主义精神。

　　爱国主义是人们对于"生于斯、长于斯、衣食于斯"的祖国的一种神圣感情，是人们对于自己民族的一种强烈的责任感和使命感，是感召和激励整个中华民族的一面永不褪色的旗帜。在漫长的历史上，爱国主义一直激励着中华儿女为祖国的独立、统一、进步和繁荣而英勇奋斗。从伟大的思想家教育家孔子到统一全国的千古一帝秦始皇，从秉笔直书著《史记》的司马

迁到鞠躬尽瘁死而后已的诸葛亮,从伟大的浪漫主义诗人李白到精忠报国的民族英雄岳飞,从七下西洋传播友谊的郑和到抗击倭寇的民族英雄戚继光,从苟利国家生死以的林则徐到为变法流血的第一人谭嗣同,从威震敌胆的抗联将军杨靖宇到人民音乐家聂耳与冼星海,从踏遍青山人未老的李四光到万婴之母林巧稚,从县委书记的好榜样焦裕禄到情系雪域献身高原的孔繁森……都表现出了强烈的爱国主义精神。正是由于热爱祖国的人们前仆后继地奋斗,国家和民族才得以生存,历经一次次历史危急关头而能转危为安,走向兴盛和富强,从而屹立于世界民族之林。爱国主义是鼓舞中华儿女历经忧患、跨越沧桑、百折不挠、自强不息的伟大力量,它贯穿于中华民族的整个历史,并有力地凝聚着五洲四海的中国人。

爱国主义是一个历史的范畴,在社会发展的不同阶段、不同时期有着不同的具体内容。革命时期,需要我们为祖国的独立自主出生入死;建设时期,需要我们为祖国的繁荣富强增砖添瓦;在全国各族人民团结一心建设富强、民主、文明、和谐的社会主义现代化国家的今天,我们要争做一名新时期的爱国者。新时期的爱国者要有强烈的民族自尊心和自豪感。民族自尊心和自豪感是任何时期任何爱国者都必须具备的情感。民族自尊心能增强我们自立向上的恒心,民族自豪感能树立我们建设祖国的信心。要树立"祖国高于一切"的崇高信念,为了祖国和人民的利益不惜抛却个人的利益,甚至不惜牺牲个人的生命。要树立终身学习的理念,拓

宽自己的知识面,广泛吸收新知识新技术,完善自身的知识结构,更新学习知识的方法与理念,从思想上、知识上充分武装自己,为祖国的繁荣昌盛贡献力量。

　　爱国主义思想的继承和发扬,是关系到民族盛衰、国家兴亡的根本问题。一代代人爱国主义思想情操的形成,需要不断地培养。培养爱国主义的一个重要途径是向爱国主义的英雄人物和典范事迹学习。这套丛书的出版,对于人们向英雄和先进人物学习,特别是对于在中小学生中进行爱国主义教育,将可提供一些生动的教材。祝愿此书出版发行成功,为培养"四有"新人做出贡献。

于 2011 年 4 月 23 日

世界读书日

中华爱国人物故事

编委会

目 录
CONTENTS

目录。
CONTENTS

书香门第育才女

宋神宗元丰七年二月初五日（1084年3月13日），在山东章丘明水镇，出生了一个后来取名叫李清照的女孩。那个女婴与普通的婴孩没有什么不同，那一天也是一个极其平常的日子，除了女婴的家人，似乎没有谁会把这一天放在心上。她的家乡倒是一个文化高度发达的地方，著名的汉东平陵及城子崖龙山文化赋予了她灵气，沉蕴已久的文化沃土孕育了她的才华，从此，这钟灵毓秀之地又多了一份足以傲视他邑的资本。

李姓一族，在当地并不是有钱有势的家族，却是齐鲁一带很有名望的书香世家。李清照的父亲李格非（约1045—约1105年），幼时聪敏警俊，刻意于经学，精通儒家经典。宋神宗熙宁九年（1076年）中进士，初任冀州（今河北冀州市）司户参军、试学官，后为郓州（今山东东平）教授。宋代有兼职兼薪制度，郡守见他清贫，欲让他兼任其他官职，他断然谢绝，表现了廉洁清正的风节。后又在朝廷先后担任太学录、太学博士与太学正。

元丰八年（1085年）九月十三日，李格非为已故同里人、家住明水以西廉家坡村的齐鲁著名隐士廉复撰写《廉先生序》一文，述其平生，证其为人，传其不朽。宋哲宗元祐元年（1086年），官太学录。他专心著述，文名渐显，于宋哲宗元祐六年（1091年），"再转博士，以文章受知于苏轼"。他与廖正一、李禧、董荣同在馆职，俱有文名，名列苏门"后四学士"。宋哲宗元祐六年十月，

李清照故居，位于山东省济南市章丘区

哲宗幸太学，李格非奉命撰《元祐六年十月哲宗幸太学君臣唱和诗碑》。元祐四年（1089年），官大学正。

绍圣元年（1094年），章惇为相，立局编类元祐诸臣章疏，召李格非为检讨，拒不就职，因而获罪，遂被外放为广信军（今河北徐水遂城西）通判。任职期间，当地有个道士妖言预测祸福，骗取钱财，百姓愚昧多听信他的蛊惑之言。那道士出门时必乘车，一次恰好与李格非的车相遇，李格非命人将道士拖出车来，杖打一顿，驱逐出境，表现出他厌恶邪术、不信鬼神、反对迷信、疾恶如仇的思想。

绍圣二年（1095年），李格非被召为校书郎，著作佐郎，是年撰成他的传世名文《洛阳名园记》。《宋史·李格非传》云："尝著《洛阳名园记》，谓洛阳之盛衰，天下治乱之候也。其后洛阳陷于金，人以为知言。"《洛阳名园记》共10卷，北宋朝廷达官贵人日益腐化，到处营造园圃台榭供自己享乐，李格非在对这些名园盛况的详尽描绘中，寄托了自己对国家安危的忧思。南宋楼昉谓其文"不过二百字，而其中盖括无限盛衰治乱之变，意有含蓄，事存鉴戒，读之令人感叹"（《崇古文诀》卷三二）。绍圣四年（1097年），李格非升任礼部员外郎。

宋徽宗崇宁元年（1102年），朝廷内排挤元祐旧臣。李格非名列"元祐党"，被罢官。《宋史·李格非传》：

"提点京东路刑狱，以党籍罢。"根据元祐党人"不得与在京差遣"的规定，李格非只得携眷返归明水原籍。崇宁五年（1106年）正月，毁元祐党人碑，大赦天下，除一切党人之禁，叙复元祐党人（见《宋史·徽宗纪》）。李格非与吕希哲、晁补之等"并令吏部与监庙差遣"（见《续资治通鉴拾补》），但禁止到京师及近钱州县。"监庙"是一个没有实权的空头职衔，故此后李格非仍在原籍居住。大观二年（1108年）三月八日，李格非曾陪同当时的齐州知州梁彦深游于历山东侧佛慧山下的甘露泉，并镌文于秋棠池旁之石壁上，题名曰："朝请郎李格非文叔"（《历城县志》），李格非卒年不详，《宋史·李格非传》仅载："卒，年六十一。"

李格非刻意于词章，诗文俱工致，尝言："文不可以苟作，诚不著焉，则不能工。"诗人刘克庄评论其"文高雅条鬯，有意味，在晁、秦之上，诗稍不逮"，然亦多佳篇（《后村诗话》续集卷三）。

李格非勤于著述，学术著作与文学作品很多，根据有关史料文献的记载，李格非著有诗文四十五卷，还有学术理论著作《礼记精义》十六卷、《永洛城记》一卷、《史传辩志》五卷等。

李格非精湛的学术造诣、丰富的文学创作实践、广泛的学术交流活动以及清正刚直、疾恶如仇的个性都对李清照的成长产生深刻的影响。晚年的李清照曾作诗回忆说："嫠家父祖生齐鲁，位下名高谁比数？当时稷下纵谈时，犹记人挥汗成雨。"(《上枢密韩公、工部尚书胡公》)诗句不仅明确告诉她"父祖"的名望，还颇为自豪地将父祖的名望与齐鲁大地悠久而丰厚的文化传统联系在一起。

"稷下"，在公元前4世纪的战国时期，就是文化十分发达的地方。当时，齐宣王在这里扩置学宫、招揽文学游说之士，任其讲学议论，于是学者云集，学术空气十分活跃，"稷下"也就成为荟萃各学派学术成果的文化中心。《国策·齐策一》里有这样的记载："临淄之途，车毂击，人肩摩，连衽成帷，举袂成幕，挥汗成雨。"可见当时之兴盛。在这些摩肩接踵的人中，有不少就是满腹经纶的饱学之士。李清照在诗中认可了自己的父祖就是稷下学风培育出来的饱读之士。

李清照的母亲姓王，是状元王拱辰的孙女。王拱辰十九岁就中了进士第一，是宋代最年轻的状元之一，素有才子之誉。他的声名甚至远播契丹，王拱辰出使辽国时辽国国主对他非常敬重。一次，契丹主在混同江接见他并设宴垂钓。席中，契丹主向他敬酒，亲奏琵琶助兴，并向宰相介绍说：拱辰是南朝少年状元，所以如此厚待他。可以想见，李清照的母亲在这个书香门第的家庭中受到了良好的文化教育，知书能文，贤淑达理，这在《宋史·李格非传》中也有记载。

王氏饱读诗书，聪敏善文，在"女子无才便是德"的封建社会却无用武之地。丈夫李格非在家时，还可为他铺纸磨墨，一同研习诗文。丈夫去京城任职后，她只好把全副心思都放在了教习幼女读书方面。在世代书香翰墨中，在母亲的关心和教育中，还是幼童的李清照伴随着牙牙学语的结束，便渐渐显露了聪慧和敏悟。长辈

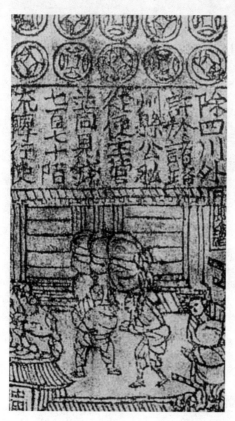

北宋纸币交子铜版拓片

们或欣喜，或感叹：终归是一个女孩子，再聪明也难有
什么大作为。

习字之余，母亲又常常给幼年李清照讲一些古书上
的事情，她不仅听得津津有味，还常常刨根问底，不弄
清前因后果决不罢休。因为父亲在京城，清照就常常缠
着母亲，要母亲讲京城的情况。可王氏也没去过京城，
只能把自己听来的、从书上看来的知识讲给女儿听。没
出过远门的王氏只知道，京城是皇帝和朝廷大臣们住的
地方，那里车水马龙，繁花似锦。小清照哪里会就此满
足，她的小脑袋里满是好奇，依然缠着母亲问这问那。
母亲只好又把著名词人柳永的词作《望海潮》吟诵给她：

东南形胜，三吴都会，钱塘自古繁华。烟
柳画桥，风帘翠幕，参差十万人家。云树绕堤
沙，怒涛卷霜雪，天堑无涯。市列珠玑，户盈
罗绮，竞豪奢。

重湖叠巘清嘉，有三秋桂子，十里荷花。
羌管弄晴，菱歌泛夜，嬉嬉钓叟莲娃。千骑拥
高牙，乘醉听箫鼓，吟赏烟霞。异日图将好景，
归去凤池夸。

母亲为小清照讲解了一遍词中所描述的情景，并告

诉她，词里写的是好几十年前的钱塘。现在的汴京比起当年的钱塘来，不知要繁华多少倍呢！幼小的清照听了，不由睁大了眼睛，对汴京充满了深深向往之情。终于有一天，父亲要接家人进京了。旅途的奔波，舟车的劳累，丝毫不能影响小清照的兴致，到京城后的所见所闻更令她惊喜异常。

后来，南宋孟元老在其名著《东京梦华录》中所描述的北宋都城风貌，正是当时李清照所置身的环境。"正当辇毂之下，太平日久，人物繁阜。垂髫之童，但习鼓舞，斑白之老，不识干戈。时节相次，各有观赏：灯宵月夕，雪际花时，乞巧登高，教池游苑。举目则青楼画阁，秀户珠帘。雕车竞驻于天街，宝马争驰于御路，金翠耀目，罗琦飘香。新声巧笑于柳陌花衢，按管调弦于茶坊酒肆。八荒争辏，万国咸通，集四海之珍奇，皆归市易，会寰区之异味，悉在庖厨。花光满路，何限春游？箫鼓喧空，几家夜宴，伎巧则惊人耳目，侈奢则长人精神。"

当时，北宋都城汴京已是人口超百万的大城市，商业繁荣，市井发达，百姓安居，白发老者，垂髫幼童，齐乐融融。宝马雕车，歌管箫鼓，雪月花时，极是热闹。这一切都在幼年李清照心中留下深深的印象。

《清明上河图》表现了北宋初年东京繁华富庶的景况

李家有女初长成

　　李清照的父母均博学能文，她受家庭环境的熏染，从小就对文学产生了深深的兴趣，而且显示出聪敏过人的才华。她的少女时代仿佛是以蔷薇色为底色，铺开了一地绚烂，充满了淡淡的馨香，满溢着快乐的音符，我们由她的一首小词《如梦令》可见一斑：

如梦令

　　常记溪亭日暮，沉醉不知归路。兴尽晚回舟，误入藕花深处。争渡，争渡，惊起一滩鸥鹭。

　　每次读这阕《如梦令》，都仿佛和李清照一起误入藕花深处，听着少女那清脆悦耳的笑声，遥想着少女那如花的笑靥和灿烂明媚的心情，此情此景，纵然隔着千年的时光印痕，也足以让人沉醉，让人忘记归路。

　　据记载，溪亭位于济南章丘，是当时济南名医徐正权的私家园林，旁边有百亩荷塘，与当时李清照的家相距很近。苏辙任济南府掌书记时，与徐正权相交甚厚，常常沉醉于溪亭的美景，并写有《题徐正权秀才城西溪亭》一诗：竹林分径水通渠，直与幽人作隐疏。不识徂徕石夫子，兼因女婿觅遗书。

　　《如梦令》这个词牌，原来的名字叫《忆仙姿》，是五代后唐时庄宗李存勖所创：曾宴桃源深洞，一曲舞鸾歌凤。长记别伊时，和泪出门相送。如梦，如梦，残月

溪亭，位于章丘区附近

落花烟重。

李存勖这阕词读起来婉转多姿，桃源深洞、舞鸾歌凤的欢宴场面却浸润着凄清入骨的孤寂与哀伤。只因为在人群中多看了你一眼，从此，不思量，自难忘，和泪出门相送的那一幕深深地印了脑海中。纵然贵为皇帝，也有太多的恨事，也难酬此生的情缘，多少次午夜梦回，多少次魂牵梦萦，却只能任思绪缭绕，化作一句"如梦，如梦，残月落花烟重"。李存勖用一生的时光来缅怀那唯一的一次相聚，也因此而有了《如梦令》这个词牌名。

李清照的这首《如梦令》却充满着一种欢快的格调，婉约秀美，清新自然，情景流畅自如，写尽了少女时代的天真无邪与浪漫情怀。那是一个夏季的午后，暮色渐晚，游兴阑珊，划起小船意欲回家，不小心却误入藕花深处，也许是少女们的快乐情绪激荡着水面，也许是她们划船的动作过猛，惊起了本来在沙滩上休憩的鸥鹭。看到鸥鹭纷飞的情景，少女们也发出了阵阵银铃般的笑声，将她们的欢乐留在了藕花深处。在那个充满诗情画意的黄昏，风过无痕，花开若梦，通过历史的笔墨，我们却记住了那个荡舟藕花深处的女子，记住了她那无忧无虑的少女时光，那是属于李清照的"溪亭日暮"。

李清照还有一首脍炙人口的《如梦令》："昨夜雨疏风骤，浓睡不消残酒。试问卷帘人，却道海棠依旧。知

开封，曾为北宋都城汴梁。

否？知否？应是绿肥红瘦。"这首小令，一共六句话，简短不过三十四个字，却有时间，有情景，有人物，有对话，宛如一幕情景剧，极精要地表达了丰富的内涵。

　　春季一个雨急风狂的夜晚，十六七岁的少女李清照独自一人在饮酒，室外的海棠花在风雨中摇曳，室内灯花如豆，杯中的美酒似乎也摇曳着少女的心事，一杯接一杯地喝着，她渐渐地进入了醉乡，一觉醒来，天已大亮。虽然宿醉未消，昨夜心情却未被梦打断，恰好听到外间的侍女启户卷帘，所以她关切地问：海棠花怎么样了？侍女道：别看一夜又是风又是雨的，海棠花却还是旧时模样。小姐听了，不由得叹道：哪里会一样呢？应该是红的见少，绿的见多了吧！

"绿肥红瘦"这四字造语甚奇，一绿一红，一肥一瘦，颜色鲜明，对比强烈，将凋落的红花与肥硕的绿叶作比，大概也是在慨叹时光易逝，不经意间就会老了红颜，白了黑发吧。读李清照的这首词不由得想起了两首唐诗，一首是盛唐诗人孟浩然的《春晓》：春眠不觉晓，处处闻啼鸟。夜来风雨声，花落知多少？另一首是晚唐诗人韩偓的《懒起》：昨夜三更雨，临明一阵寒。海棠花在否？侧卧卷帘看。

孟诗与韩诗，虽然也有风雨，有花落，却只是独角戏，而少了情景对话及对落花的想象，与李清照的这首词相比，读来仿佛缺少了几许生活气息而略显板滞，李词对"绿肥红瘦"的想象不仅是千古绝唱，就在当时也深受诗人们赞赏。宋代著名诗评家胡仔就称赞说："近时妇人能文词如李易安，颇多佳句……'绿肥红瘦'，此语甚新。"（《苕溪渔隐丛话》）宋代诗评家陈郁也称赞说："绿肥红瘦之句，天下称之。"（《藏一话腴》）

《蓼园词选》曾如是评价李清照这首词："短幅中藏无数曲折，自是圣于词者。"一首六句的小令，竟然蕴含几幕场景，句句折，笔笔换，如游名园，移步换景，壶

地洞天，造境堪称奇绝。这首极见功力的小令却出自一个妙龄少女之手，难怪被几千年来男尊女卑的封建观念所禁锢的闺阁绣楼中，竟不掩李清照的熠熠光彩！

我国红学专家、古典文学专家周汝昌老先生在评价此词时说："词人如此惜花，为花悲喜，为花醒醉，为花憎风恨雨，所以者何？风雨葬花，如葬美人，如葬芳春，凡一切美的事物年华，都在此一痛惜情怀之内。倘不如此，又何以识得古代闺秀文学家李易安？又何以识得中华民族的诗词文学乎？"

从宋神宗年间王安石派的变法和司马光派的反变法开始，北宋统治阶级上层就发生了激烈的党争，两派政治力量此长彼消，以致倾轧越来越激烈，而无论哪一派执政之后，本派内部即争权夺利，迅速分化。面对北方辽金日益加剧的威胁，利欲熏心的权贵们依然一心扑在权力斗争上，置外患于不顾，而使得争权夺利的内忧愈来愈重。与此同时，一些胸怀爱国之志的有识之士也忧心忡忡，担心唐朝由盛变衰的"安史之乱"悲剧在宋朝重演。于是，便有一些诗人拿起了手中的笔，借古讽今。唐肃宗时，诗人元结撰写《大唐中兴颂》，纪念平定安史之乱。宋哲宗元符二三年间，"苏门四学士"之一的张耒创作了《读中兴颂碑》，借咏开元、天宝遗事来隐喻时政之弊，揭露当朝潜在的危机：

琴棋书画（年画）

玉环妖血无人扫，渔阳马厌长安草。

潼关战骨高于山，万里君王蜀中老。

金戈铁马从西来，郭公凛凛英雄才。

举旗为风偃为雨，洒扫九庙无尘埃。

元功高名谁与纪，风雅不继骚人死。

水部胸中星斗文，太师笔下蛟龙字。

天遣二子传将来，高山十丈磨苍崖。

谁持此碑入我室，使我一见昏眸开。

百年废兴增叹慨，当时数子今安在。

君不见，荒凉浯水弃不收，时有游人打碑卖。

诗出后，在当时的社会引起很大反响，许多文人纷

纷作了和诗，李清照也积极响应，作了两首和诗，全诗

如下：

浯溪中兴颂和张文潜韵

其一

五十年功如电扫，华清花柳咸阳草。

五坊供奉斗鸡儿，酒肉堆中不知老。

胡兵忽自天上来，逆胡亦是奸雄才。

勤政楼前走胡马，珠翠踏尽香尘埃。

何为出战辄披靡，传置荔枝多马死。

尧功舜德本如天，安用区区纪文字。

著碑铭德真陋哉，乃令鬼神磨山崖。

子仪光弼不自猜，天心悔祸人心开。

夏为殷鉴（一作"夏商有鉴"）当深戒，简策
汗青今具在。

君不见，当时张说最多机，虽生已被姚崇卖。

其二

君不见惊人废兴传天宝，中兴碑上今生草。

不知负国有奸雄，但说成功尊国老。

谁令妃子天上来，虢秦韩国皆天才。

苑桑羯鼓玉方响，春风不敢生尘埃。

姓名谁复知安史，健儿猛将安眠死。

去天尺五抱瓮峰，峰头凿出开元字。

时移势去真可哀，奸人心丑深如崖。

西蜀万里尚能返，南内一闭何时开。

可怜孝德如天大，反使将军称好在。

呜呼！奴辈乃不能道辅国用事张后尊，

乃能念春荠长安作斤卖。

　　李清照的这两首诗不仅指出了安史之乱的根源，所谓"何为出战辄披靡，传置荔枝多马死"，还指出安史之乱结束后唐玄宗与唐肃宗父子就开始了残酷的内部斗争，功臣们也遭到帝王的猜忌，即诗中所说的"子仪光弼不自猜，天心悔祸人心开"。她认为，统治者如果不能认真吸取教训，必将重蹈历史的覆辙。

　　与张耒的诗作相比，李清照的这两篇作品对唐代社会兴衰成败的思考更为深广，也更为全面。张耒的诗，只是单一地歌颂郭子仪等中兴将领的功绩，而李清照的诗认为仅仅歌颂是远远不够的，关键在于寻找安史之乱的根源，所谓"何为出战辄披靡，传置荔枝多马死"；张耒的诗只是简单回顾了安史之乱爆发的由来，而李清照的诗不仅系统反思了安史之乱爆发的各种原因，而且尖锐指出，安史之乱结束后唐玄宗与唐肃宗父子就开始了

残酷的内部斗争；张耒的诗感慨岁月流逝，英雄不再，而李清照则一针见血地指出，安史之乱结束了，功臣们却遭到帝王的猜忌，所谓"子仪光弼不自猜，天心悔祸人心开"；张耒的诗极力地称赞中兴功臣，称赞元结的《大唐中兴颂》，而李清照的诗则认为功德自在天地之间，不须记载。她认为，唐肃宗时期，宦官与皇后勾结，又酿成新的政治动乱。统治者不能认真吸取教训，即便写再多的中兴颂又有何用？对历史的遗忘必将重蹈历史的

宋代理学家朱熹像

覆辙。

赋诗以咏史言志，李清照这个十六七岁的闺阁少女成功地实现了中国庙堂文学的这一重任，足见其历史眼光与政治胸襟，可谓巾帼不让须眉。难怪宋代大儒朱熹啧啧赞叹说："如此等语，岂女子所能？"明陈宏绪《寒夜录》卷下有云："《和张文潜浯溪中兴碑》二篇……二诗奇气横溢，尝鼎一脔，已知为驼峰、麟脯矣。"对此二诗可谓推崇备至。

李清照不仅饱览了父亲的所有藏书，而且父亲李格非与当时的"苏门四学士"等一批士大夫交往频繁，他的思想活动对李清照产生了深刻的影响。可以说，文化的汁液将她浇灌得不但外美如花，而且内秀如竹。她在驾驭诗词格律方面已经如斗草、荡秋千般随意自如，而品评史实人物，又大气如虹、气贯长歌，难怪清代人陈景云称赞李清照说："其文淋漓曲折，笔墨不减乃翁。'中郎有女堪传业'，文叔之谓也。"（钱谦益《绛云楼书目》卷4陈景云注）

将李格非、李清照比作汉代的蔡邕、蔡文姬父女二人，认为李清照继承了父亲的衣钵，这充分说明李格非对李清照教育的重要意义。

初见情怀自难忘

　　李家有女初长成，笔走龙蛇盛名扬。少女时代的李清照即已显露才情，虽然养在深闺却已是文名远播，她所作之词在士大夫中间流传甚广，引起了大家的关注，其中当然也包括太学生赵明诚。

　　赵明诚（1081—1129年），字德甫，密州诸城（今山东诸城龙都街道）人，是当时正做吏部侍郎的赵挺之的第三子，比李清照大三岁。其二兄为存诚（字中甫）、思诚（字道甫）。元代伊士珍所著《琅嬛记》中记载了一则故事，从中能够看出，赵明诚早已对李清照心生爱慕：赵明诚幼时，其父将为择妇。明诚昼寝，梦诵一书，觉来唯记三句云："言与司合，安上已脱，芝芙草拔。"以告其父。其父为解曰："汝待得能文词妇也。'言与司合'是'词'字，'安上已脱'是'女'字，'芝芙草拔'是'之夫'二字，非谓汝为词女之夫乎？"

李清照塑像

　　意思是说，有一天，赵明诚白天在家睡觉，做了一个奇怪的梦，梦中见到自己背书，醒来时只记得三句话："言与司合，安上已脱，芝芙草拔。"就去见父亲赵挺之，把自己梦中的情景告诉了父亲。父亲为他解梦说："你将要娶得一个能文的妻子，'言与司合'是'词'字，'安上已脱'是'女'字，'芝芙草拔'是'之夫'二字，这不是说你是词女之夫吗？"

　　赵明诚的这个白日梦也许是后人的附会，也许是他想向父亲委婉地说出自己的想法而编织的一个托辞，毕

竟，在古代婚姻大事不容自己做主嘛！但俗话说得好，知子莫若父，赵挺之对儿子的心思岂有不明白之理？而且纵观朝廷上下贵戚大臣的小姐，能够堪称为"词女"的女子，除了李清照还有谁呢？

赵挺之（1040—1107年），字正夫，密州诸城人。熙宁三年（1070年）进士，为登、棣二州教授，通判德州；元祐初年，召试馆职，为秘阁校理，迁监察御史。元祐四年（1089年），坐不论蔡确，出通判徐州，移知楚州。入为国子司业，历太常少卿，权吏部侍郎，除中书舍人、给事中。徽宗即位，为礼部侍郎，拜御史中丞。赵挺之这个人精明干练，有出色的政治才干，在地方为官的时候政绩突出，所以在官场上升迁得很快。他属于王安石变法集团，是典型的改革派，新党人物，所以与反对变法的旧党人物矛盾尖锐。

《宋史·赵挺之传》记载，挺之在德州，希意行市易法。黄庭坚监德安镇，谓镇小民贫，不堪诛求。及召试，苏轼曰："挺之聚敛小人，学行无取，岂堪此选？"看来苏轼对赵挺之的为人很反感，说他是"聚敛小人，学行无取，岂堪此选？"意思是这个人只知道搜刮聚敛钱财，学问暂且不说，起码是道德败坏，这样的人怎么能够担当国家重任呢？

在《宋史》卷444《文苑列传》中还记载了一则故

事，发生在"苏门六君子"之一陈师道与赵挺之之间：陈师道与赵挺之是连襟，但陈师道一直都很讨厌赵挺之的为人。陈师道家境贫寒，冬天要到郊外举行祭祀活动，没有棉衣穿。妻子从赵挺之家里借来一件棉衣，陈师道知道后，坚决地退还给赵家，结果自己不幸受风寒而死。陈师道宁可受冻，也不肯借赵家的棉衣，我们后人暂且不评论孰是孰非，但起码可以知道二人矛盾很深。

李格非却与苏门关系很深，"以文章受知于苏轼"，与廖正一、李禧、董荣同在馆职，俱有文名，称为苏门"后四学士"。他当时在朝廷担任礼部员外郎，提点京东

赵挺之、李清照、赵明诚纪念像

行狱，从六品官，位置虽然没有赵挺之的官职显要，但也属于朝廷的重要职位。赵、李二人虽然政见不同，但是在宋徽宗继承皇位后，运用政治手段努力平衡党派之间的关系，使得朋党之间的冲突渐趋平缓，政治上也出现了暂时的稳定局面。赵挺之虽然是新党人物，风头正健，但毕竟不是新党领袖；李格非虽然是苏门弟子，但毕竟也是旧党中的次要人物，可以说，赵挺之和李格非之间并没有明显尖锐的矛盾冲突，这未尝不是他们能成全自己儿女的一个因素。在封建家长制专权的时代，赵明诚和李清照能结成夫妻真的很幸运，或许，上天也想成全这对情意相投的佳偶吧！

赵明诚虽然是当朝高官家的少爷，从小锦衣玉食，却并无纨绔子弟不学无术的不良风气。相反，他从小就喜爱诗文，尤其酷爱寻访收集前代金石碑刻文字。赵明诚致力于金石之学，可谓幼而好之，终生不渝。他曾自谓："余自少小喜从当世学士大夫访问前代金石刻词。"（《金石录》序）赵挺之在徐州做官时，年仅九岁的赵明诚居然从当地收集了两通古代碑刻。咸阳出土了一块传国玉玺，将作监李诫曾亲手拓印了一份送给赵明诚。他十七八岁的时候，在外地为官的姨夫陈师道曾先后两次致函赵明诚，为他提供发现碑刻的线索。

虽然陈师道与赵挺之水火不容，但却对这个外甥欣赏喜爱有加。他在给黄庭坚的信函中提道："正夫（赵挺之字正夫）有幼子明诚，颇好文义。每遇苏、黄文诗，虽半简数字必录藏，以此失好于父。"（《与鲁直书》）意思就是说：赵挺之的小儿子赵明诚，酷爱诗文，每当看到苏轼、黄庭坚的诗文，即便只有片言只语，也会精心收藏，正因为这个缘故，他的父亲很不喜欢他。

由此看来，少年时代的赵明诚与父亲不同，赵挺之老于世故，精通官场学问，不仅能够在新旧党争中保全自己，而且官运亨通，春风得意，可见其为人之精明圆滑。赵明诚则对官场政治、新旧党争并不在意，他的主要兴趣在于金石碑刻的收藏与鉴赏，十七八岁之年，就以金石收藏在学问家云集的北宋士大夫中间享有很高的声誉。李清照当时虽在深闺之中，却身处士大夫往来频繁的家庭环境，并且关注世事，她对于赵明诚这个人，一定早已有所耳闻，估计也是颇怀好感吧。

赵明诚当时还是一名太学生，北宋时期，朝廷专门设置太学，从官员以及平民的优秀子弟当中选拔学生入学。太学生分为上舍、内舍、外舍三等。其中上舍学生经过学习、考试，即可直接授予官职，一般都授予京官。其中最优者被称为"释褐状元"，享受与榜眼、探花同等待遇。可见，北宋时期的太学生只要学习成绩优秀，必定有很好的前途。赵明诚虽然有一个受人诟病的父亲，

他本人却是情趣高雅，学养深厚，而且身为太学生，又有光明的政治前途，这对于颇有才名的李清照来说也是托付终身的最佳人选。

李清照的早期词作也曾流露出对美好爱情的向往，如那首著名的《浣溪沙》：

绣面芙蓉一笑开，斜飞宝鸭衬香腮，眼波才动被人猜。一面风情深有韵，半笺娇恨寄幽怀，月移花影约重来。

与意中人约会前的少女梳洗打扮之后，斜靠在"宝

李清照故居，位于山东省济南市章丘区

鸭"香炉上，默默回想爱情的甜美，她极力要掩饰自己内心的喜悦，却怎么也掩饰不住，那如同芙蓉花一样美丽的笑容不由自主地在脸上绽放开来，眼波流转中，眉间心上情意无限。"眼波才动"，这个瞬间的表情在李清照的笔下被如此传神地刻画出来，宛如特写镜头一样被李清照抓住，体现出她非同一般的文字功力！

"一面风情深有韵，半笺娇恨寄幽怀。"与心仪之人相约是件美好的事，但别离之后的思念却是泛着甜蜜气息的痛苦，所以她要寄封情书来倾诉自己的恨。什么样的恨呢？"娇恨"。满溢着娇嗔的恨，因为用情太深，因为不能常常在一起，因为别离后那种才下眉头、却上心头的情丝纠缠，此情无计可消除，只好半笺娇恨寄幽怀。想着，念着，恨着，最后还忍不住期待下次相会的早日到来。

"月移花影约重来"，源自元稹《莺莺传》。崔莺莺给张生送的纸笺上写着《明月三五夜》：待月西厢下，迎风户半开。拂墙花影动，疑是玉人来。张生对崔莺莺一见钟情，而崔莺莺虽然碍于小姐的面子，没有明说，但其实已是芳心暗许。然而，世情凉薄，世事难料，二人的待月西厢，最终还是因为张生进京赶考，科举得名而负心弃义。莺莺的一腔痴情尽付流水，却只能是泪洒相思地，此情此生难酬。

幸好，李清照没有遇见负心的张生，而是遇到了与自己知音知意的赵明诚，二人演奏了一曲高山流水喜相逢的佳话。无论李清照是否与赵明诚在婚前有过月移花影的经历，但我们都能感觉到这首词渗透了她对爱情的美好向往和对意中人的甜蜜期许，或许我们能想象得到写作此词时的李清照那一脸如花的笑靥，那满眼藏不住的喜悦。

或许，我们可以做一个大胆的猜想，李清照和赵明诚在结婚之前就已见过面。为什么这么说呢？我们一起来看李清照那首有名的词作《点绛唇》：

蹴罢秋千，起来慵整纤纤手。露浓花瘦，薄汗轻衣透。见客入来，袜划金钗溜，和羞走。倚门回首，却把青梅嗅。

秋千是古代诗词中常见的意象，"罗幕遮香，柳外秋千出画墙"，"秋千慵困解罗衣，画梁双燕栖"，"桃杏依稀春暗度。谁在秋千，笑里轻轻语。"夏季的轻风里，摇摆不定的秋千似乎总是能够如此轻易地拨动心弦，秋千旁的少女又是如此的天真无邪，充满着青春的活力。

本词把少女荡秋千时罗衣轻飏、环珮叮咚的动态场景留给了读者想象，而是开篇即以静写动，勾画出少女荡完秋千后那种娇憨疲倦的状态，双手有些发麻也懒得活动，涔涔香汗打湿了薄薄的罗衣，身旁是露浓花瘦，夏日清晨的清新景象。

或许，少女的心事也恰如清晨花瓣上的露珠吧，晶莹透彻，又有些闪烁不定，难以捉摸。正像白居易诗中所写："花非花，雾非雾，夜半来，天明去。来如春梦不多时，去似朝云无觅处。"词的上片，短短几句话就已将时间、地点、人物、情景交代得清清楚楚，静止的秋千、有些疲倦的少女、晓露浓、花影瘦，多么美好的一幅画面！

这时，忽然看到客人闯进了花园，少女急忙含羞回避，走得却是如此狼狈，来不及穿鞋，只是穿着袜子，甚至跑得匆忙，连头上的金钗也掉了。是什么原因让那个朝气蓬勃的小女孩如此手忙脚乱，仿佛瞬间换了个人似的？这一定和来客有关，她虽然没有明说来者是谁，"和羞走"三个字却暴露了她此时此刻全部的内心情感。我们可以想象得到，那个忽遇窘境的小姑娘满脸娇羞地跑开。然而，更妙的是"倚门回首，却把青梅嗅"。不期而至的访客惹她慌乱，毕竟，那是一个男女授受不亲的时代。可如果就这样走开，还有些不甘，好一个聪明的女孩！她没有直接回头看，却是倚门回首，用嗅青梅这个细节来掩饰自己，以便偷偷地多看他几眼。

欲走还不情愿，欲留还有些害羞，这种感觉不仅是奇妙，还有些美妙吧！下片的这几个动作层次分明，曲折多变，寥寥几笔把一个天真活泼的少女惊慌、含羞、不舍、大胆的种种心理刻画得跃然纸上。或许，心动的感觉就在这一低眉、一回首之间吧！

那个不速之客使得园中歇息的少女"和羞走"，而不是"和怒走""和恨走"，走了又不忍，含羞还想见，于是假意闻青梅，而偷偷望来客。能惹得李清照内心如此千回百转的来客，估计也只能是赵明诚吧？

素以"香奁体"著称的晚唐诗人韩偓有一首七绝《偶见》："秋千打困解罗裙，指点酝酿索一尊。见客入来和笑走，手搓梅子映中门。"相比之下，和笑走，多少有些轻薄，和羞走，则流露出款款深情；手搓梅子，多少有些不安，倚门回首嗅青梅，则有些俏皮，有些戏剧性，将一个聪明娇羞的女孩刻画得栩栩如生。这首节奏明快的小词既显出词人超众的才华，不轻意间也透露出她早期的情感生活。而在这清丽宛转的句子中，正当最好年龄的李清照遇到了风度翩翩的赵明诚，从此，爱情的光辉足以温暖他们相依相伴的一生。

琴瑟相谐恩爱深

公元1101年，十八岁的李清照与二十一岁的赵明诚有情人终成眷属，喜结良缘。两个人沉浸在琴瑟相谐的喜悦中，我们从李清照的一首词《减字木兰花》中可以感觉到她生活得很幸福：

减字木兰花

卖花担上，买得一枝春欲放。泪染轻匀，犹带彤霞晓露痕。怕郎猜道，奴面不如花面好。云鬓斜簪，徒要教郎比并看。

卖花，大概是北宋灭亡前，当时汴京城中的常景。孟元老《东京梦华录》里这样描绘了一幅卖花的情景：是月季春，万花烂漫，牡丹芍药，棣棠木香，种种上市。卖花者以马头竹篮铺排，歌叫之声，清奇可听。晴帘静

院，晓幕高楼，宿酒未醒，好梦初觉，闻之莫不新愁易感，幽恨悬生，最一时之佳况。

或许，当时李清照和赵明诚正在逛这缤纷的花市，她买了一朵含苞欲放的花，"春欲放"表现出她的喜爱心情，由一朵花而感觉到整个春天来了。"春"有春色、春光、春意和春天之意，春字境大，花字境小，用春字更能给人以无穷的美感和联想。

"泪染轻匀"，写花的容态，由花朵上的晓露联想到花被人折下后，是在为自己的不幸命运而哭，着一"泪"字而把花拟人化。花犹使人怜，那么人呢？在下阕，作者突然语带忧虑地说："怕郎猜道，奴面不如花面好。"如此娇艳动人的花被我的夫君看到，恐怕也要说我的容颜不如花美吧？于是，她将这朵花簪在鬓发之间，轻盈地转过身去问夫君：到底是花美还是人美？

当时的李清照正是青春妙龄、花容月貌的年纪，再加上饱读诗书、文采飞扬，那种娇美高雅的气质岂是一朵刚刚绽放的鲜花所能比的？其实李清照心里也很明白这一点，她之所以故意猜疑赵明诚，故意逼问丈夫花美还是人美，更多的是借着与鲜花斗艳，表现出新婚女子的娇嗔之态以及心中所洋溢的幸福感。

全篇通过买花、赏花、簪花、比花，生动地表现出温情而又娇柔的少妇情怀。如花美眷，似水流年，新婚燕尔的情浓，两情相悦的欣喜，就在这一生活小事中绽现出来。读后让人不由莞尔，祝福那沉浸在喜悦中的两个人。

这首词曾有争议。近人赵万里辑《漱玉词》云："词意浅显，亦不似他作。"这个理由似乎不足服人。宋人早已看到李清照词中大胆描写爱情，如王灼《碧鸡漫志》卷二云："作长短句，能曲折尽人意，轻巧尖新，姿态百出，闾巷荒淫之语，肆意落笔。"当婉约时婉约，当豪放

李清照与赵明诚纪念像

时豪放，当率真时率真，当深刻时深刻，或许，这恰恰是易安词的本色，就像她既能写出"一种相思，两处闲愁"的妩媚，又能写出"生当做人杰，死亦为鬼雄"这样豪放磊落的词句。爱亦真，恨亦深，也只有这样真性情的人，才能写出光照千古的文章，才会感动后人。

婚后的李清照和赵明诚两人常常一起读诗品词，收集整理金石碑刻，鉴赏品评文物字画。据李清照晚年所写《〈金石录〉后序》回忆，当时，每到初一、十五，他们就去当铺典当衣物，换来五六百钱，然后结伴去东京汴梁有名的大相国寺逛文物市场。大相国寺，就是

开封大相国寺

《水浒传》中花和尚鲁智深倒拔垂杨柳，与林冲英雄相会的地方。在宋代，大相国寺不仅是深受皇帝关注的东京最大的寺庙，也是一个经常举行庙会的繁华集市。在这里往往汇聚了不少古今名人的金石碑刻字画，也算是个民间的文物市场。赵明诚夫妻二人拿着典当得来的为数不多的钱，在这里精心选购。回家后认真把玩、欣赏、考辨，从中得到莫大的快乐。这段清寒朴素却又欢喜连连的时光在李清照的生命里留下了如此深刻的烙印，以致她在《〈金石录〉后序》中满怀深情地回忆那时的往事，或许，这也是支撑她在战乱中动荡奔波的力量之源吧！

"每饭罢，坐归来堂烹茶，指堆积书史，言某事在某书某卷第几页第几行，以中否角胜负。中即举杯大笑，至茶倾覆怀中，反不得饮而起。"吃完饭的时候，常常在一起喝茶，两个人常常指着书里的史籍，说某件事在某书某卷第几页第几行，说中者为胜。胜者举杯大笑，甚至笑得将茶水都溅到了身上。虽然赌注极小，仅是一杯茶，其间却洋溢着书香翰墨、相知相契的乐趣。

李清照在《〈金石录〉后序》中还记载了这样一件事："尝记崇宁间，有人持徐熙《牡丹图》求钱二十万。当时虽贵家子弟，求二十万钱岂易得耶？留信宿，计无所出而还之。夫妇相向惋怅者数日。"一次，有人拿来南唐著名画家徐熙的一幅《牡丹图》，向夫妻俩兜售，要价二十万。二十万对于王公贵族富商大贾而言或许算不得什么，但是对于赵明诚这样每月仅一万多钱俸禄的七八品小官而言，相当于他两年的薪俸所得，这绝非他们所能负担。虽无力购买，却又心有不舍，夫妻俩将这幅画留置在家中欣赏了两个晚上，最终还是无奈地归还给卖主。

明代江之淮在《古今女史》卷一中有云："自古夫妇擅朋友之胜，从来未有如李易安与赵德甫者，佳人才子，千古绝唱。"毕竟，不是所有的夫妻都是能这样志同道合，共同读诗论史，收藏文物，共享这样高雅脱俗的乐趣的，所谓：人生得一知己足矣，夫复何求？由夫妻而知己，这更是难得的幸福生活吧！

李清照塑像

新旧党争风波起

　　正当两人沉浸在幸福而甜蜜、举案齐眉的婚姻生活中的时候，谁也没想到，天有不测风云，他们人生中的第一个重大变故即将来临。前面我们说过，赵明诚的父亲赵挺之与李清照的父亲李格非分属于政治立场严重对立的新旧两派。两派之间的矛盾一旦爆发，不仅伤害到置身于斗争中的人，也会牵连到他们的家人。

　　政治上一直对新旧党派之争保持中立的宋徽宗，受到新党领袖蔡京的影响，决定再次全面推行新法，并将蔡京提拔为宰相："徽宗有意修熙、丰政事，……徽宗遂决意用京。忠彦罢，拜尚书左丞，俄代曾布为右仆射。"（《宋史·蔡京传》）宋徽宗决心要继承宋哲宗和宋神宗的变法的遗志，重用新党，推行变法。很快，蔡京就受到提拔，赵挺之是蔡京的追随者，他也很快跟随蔡京而得到提拔。没过多久，两人就先后做了副宰相，后来

又做到宰相的职位。

宋徽宗任用新党的目的是要推行变法，但是作为新党的领袖蔡京、赵挺之等人却要打着变法的旗号，对旧党人物进行打击报复，特别是对那些在宋哲宗元祐年间得势的，如苏轼、苏辙等人及他们的门人和弟子，展开了报复和打击。李清照的父亲李格非一向与苏门来往密切，又是"后四学士"之一，他受到牵连也在所难免。

如此一来，李清照之父李格非就受到牵连，他以文章受知于苏轼，与许多苏门弟子交往深厚，政治立场虽不似苏轼等人那样与新党人物泾渭分明，有直接的政治斗争，但是他属于旧党，尤其是苏门一派却是不争的事实。宋徽宗崇宁元年（1102年），其时苏轼已去世一年，苏辙也已完全退居河南许昌，但是蔡京等人对旧党的打击却并没有丝毫的减退。对此，《宋史·徽宗本纪》中有着相关的记载：

崇宁元年五月"诏元祐诸臣各已削秩，自今无所复问，言者亦勿辄言"。

崇宁元年九月"籍元祐及元符末宰相文彦博等、侍从苏轼等、余官秦观等、内臣张士良等、武臣王献可等凡百有二十人，御书刻石端礼门"。

崇宁二年三月"诏党人子弟毋得擅到阙下，其应缘趋附党人、罢任在外、指射差遣及得罪停替臣僚亦如

宋徽宗像

之"。

崇宁二年七月"诏责降人子弟毋得任在京及府界差遣"。

崇宁二年九月"诏宗室不得与元祐奸党子孙为婚姻","令天下监司长吏厅各立《元祐奸党碑》"。

崇宁三年六月"诏重定元祐、元符党人及上书邪等者合为一籍,通三百九人,刻石朝堂,余并出籍,自今毋得复弹奏"。

就在这几年的时间里,朝廷先后两次下诏书,列出一个长长的黑名单,叫元祐党籍,就是旧党人物的黑名

单。在第一张十七人黑名单里，李格非排名第五位。第二张一百二十人的大黑名单，其中四十八人的中层官员名单里，李格非排名第二十六位。这张大黑名单由宋徽宗亲自书写并刻在石碑上，那个碑就是"元祐党人碑"。然后把那碑竖在宫门外，那意思是让你永世不得翻身。

最后名单上人数增加到三百零九人，并由蔡京手书姓名，发至各州县，仿效京师立碑"扬恶"，李格非排名于中层官员名单中的第一百二十二位。同时朝廷还诏令天下，黑名单中的元祐党人及其子孙都不得在京城居住、做官；宗室官员不得与黑名单上家族联姻，如果已经定亲但未交换聘礼、聘帖，必须退掉亲事。这就是封建时代打击面极其大的残酷党争！

李格非的官肯定做不成了，这倒是小事，谁知道还

元祐党籍碑 蔡京

有什么祸事等着他呢？尚陶醉在新婚幸福中的李清照可担心了，可是得势的公公也是使她的父亲处境日益窘迫的人物之一，一面是父亲，一面是公公，这让李清照左右为难。身为女儿，她不忍心袖手旁观看着自己的父亲遭遇厄运，可是嫁出去的女儿，泼出去的水，而且封建朝代儿媳在婆家也没有地位，根本说不上话，面对公公，她又能怎么样呢？

　　然后李清照毕竟是李清照，她善感却不软弱，有史料表明，忧心如焚的她曾找公公赵挺之，要求他出面保护自己的父亲李格非，让李格非度过这场政治浩劫。南宋人张琰在给李格非《洛阳名园记》作的序文中写道："女适赵相挺之子，亦能诗。上赵相救其父云'何况人间父子情'，识者哀之。"这句话的意思是说，李格非的女儿恰好是宰相赵挺之的儿媳，也擅长作诗。她为了救自己的父亲曾经给公公写了一首诗，虽然全诗已经散佚，但我们从残留的这句话"何况人间父子情"，还是能猜想到李清照所要表达的意思，就是希望公公赵挺之能看在儿媳的情分上，看在儿女亲家的关系上，看在天下子女有乌鸦反哺之心的心意上，能够对李格非假以援手，帮助他脱离即将降临的政治厄运。李清照言辞恳切，其情堪哀，可是否打动了公公赵挺之呢？赵挺之为了保住自己的官位，并未理睬儿媳的请求。

　　崇宁三年（1104年），宋廷重新审定党人籍，把元
祐、元符党人合为一籍，李格非未得幸免，终被罢官，
逐出京城。赵挺之却一直升上门下侍郎（第一副相）的
宝座，为救父亲，也为表达自己的义愤，李清照再次向
公爹上诗，遗憾的是，今天我们已经看不到李清照这首
诗的全貌。南宋人晁公武在《郡斋读书志》中说："其舅
正夫相徽宗朝，李氏尝献诗云：'炙手可热心可寒。'"
"炙手可热心可寒"这句是从杜甫《丽人行》中的诗句
"炙手可热势绝伦，慎莫近前丞相嗔"转化而来，杜甫这
句诗是讽刺杨玉环、杨国忠一家朝廷大权在握，红得发
紫，李清照在这里把蔡京集团比为历史上臭名昭著的杨
氏集团，同时也表达了自己对飞黄腾达的公爹的不满，
你的权势愈重，我的心中愈感到寒冷。

　　虽然历史没有详细记载，但从李清照这句诗我们可
以感觉到，赵挺之并没有接受儿媳的请求，担当一定的
政治风险搭救自己的亲家，而是无视儿女亲家的情谊，
继续追随蔡京，追求官场的升级进阶之路。这对于官场
中的人来说似乎是正常的选择，可对于李清照来说打击
却很大，公爹的选择为她上了很沉重的一课。

　　此时，李清照新婚不久，上诗救父，不仅有牵入党
争的危险，而且儿媳干预公爹的政事，在卫道者看来又
是大逆不道的事。但李清照却不顾一切，大胆地向公爹

直言自己的想法，当受到拒绝时，她又直率地鲜明地表达了自己的不满，爱就爱得真切，恨也恨得强烈，这就是爱憎分明、性格刚烈的李清照。其无视封建礼教、不畏权贵的思想倾向，由此可见一斑。或许，这也正是我们直到今天仍然喜欢李清照、欣赏她的作品的原因所在！

李清照当时到底经历了怎样的心理煎熬，我们已无从得知，但从她的文学作品中可以看出，这一场政治的巨大变故，让一直处在真空与温室当中的她对世道人心有了清醒深刻的认识，使她渐渐走向了成熟，这对她以后的文学创作也产生了重要的影响。

崇宁五年（1106年），政治局势发生了变化，朝廷下

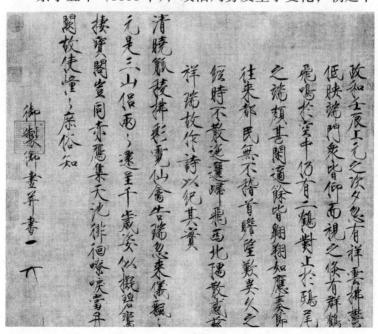

宋徽宗赵佶真迹

令毁掉"元祐党人碑",解除了对元祐党人的禁令,李格非等人获得赦免。而在崇宁三、四年间,赵挺之先后担任中书侍郎、门下侍郎,赵明诚则担任鸿胪少卿。李清照虽然未受到父亲牵连,可在婆家心系娘家,难免有些抑郁,此时能给她最大精神支撑的就是赵明诚了,赵明诚的表现还是令她深感宽慰的。

我们知道,赵明诚一直都非常喜欢搜集苏轼、黄庭坚的字画,因为这个缘故,还很让他的父亲不高兴。在宋徽宗崇宁二年(1103年),朝廷"诏毁刊行《唐鉴》并三苏、秦、黄等文集"(《宋史·徽宗本纪》),就是说

苏东坡像

朝廷下令销毁苏洵、苏轼、苏辙父子以及苏门弟子诗文集的印版，天下凡是苏轼题写的碑文石刻，也全部损毁。在这种危急的政治形势下，赵明诚还保存甚至继续收藏苏轼、黄庭坚等人的诗文字画，由此可见他对于苏轼等人的情感认同与人格认同。他虽然没有能力解救自己的岳父李格非，也不可能挺身而出替李清照去求自己的父亲赵挺之，但在那个"炙手可热心可寒"的政治寒冬中，赵明诚此举绝对能让李清照感到温暖了。这对于刚刚经受人生中第一个打击的李清照来说，多少都是一种安慰，丈夫毕竟还是与自己站在同一立场上啊！

婚后不久，李清照与赵明诚也曾有过短暂的离别，于是，她为我们留下了不少泛着甜蜜的忧愁的词作。元代伊世珍《琅嬛记》记载："易安结缡未久，明诚即负笈远游。易安殊不忍别，觅锦帕书《一剪梅》词以送之。"这就是我们所熟悉的那首《一剪梅·红藕香残》：

红藕香残玉簟秋。轻解罗裳，独上兰舟。云中谁寄锦书来？雁字回时，月满西楼。花自飘零水自流。一种相思，两处闲愁。此情无计可消除，才下眉头，却上心头。

词的起句"红藕香残玉簟秋"，领起全篇。"红藕香

残"写室外之景,"玉簟秋"写室内之景,说明此时已是天气转凉、落叶飘黄的秋天,而古人又有"何处合成愁?离人心上秋"之说,秋天更容易让人不由自主地悲伤,从而更加思念远方的亲人。简短的七个字,却是意象蕴藉,不仅刻画出四周景色,更点染出词人的情怀。花开花谢,虽是自然界景象,却又让人兴起离合之感;枕席生凉,寒意侵肌,既有节令的变化,也是人凄凉独处的主观感受。

"轻解罗裳,独上兰舟",写的是白昼在水面泛舟的情景,"独上"二字暗寓离情,满溢别愁。接下来的几句"云中谁寄锦书来?雁字回时,月满西楼。"按顺序应该是,月满时,独上西楼,举头望月,而看到飞来的大雁,虽是旧时相识,却没有带回锦书。"谁"字自然是暗指赵明诚,"谁寄"却是感叹无人寄也。

词的过片"花自飘零水自流"一句,承上启下,既是写景,又兼比兴,其所展示的花落水流红的情景,遥遥与上阕的"红藕香残""独上兰舟"相契合,而其所蕴含的人生、年华、爱情、离别的寓意,则给人以"无可奈何花落去"之感,以前"水流无限似侬愁"之恨。词的下阕由这一句而自然过渡到后面的五句,又与上阕两句遥相呼应,宛若百步射落霞,铺开一地绚烂,能有此笔力者,不知除易安外,还有几人?

"一种相思，两处闲愁"，这是多么甜蜜而忧伤的词句。这一种心思，她知道他也是有的，那是心有灵犀的相通，那是你侬我侬的相恋。花，空自飘零；水，空自流淌。分居在不同地方的两个人，却在为同一种情感而忧愁着。佛语人生七苦里有"爱别离"，这一种苦，虽然不是摧肝折胆的煎熬，却也是令人憔悴销魂的折磨。相思，是一种难以治愈的病，是一种浸入骨髓的痛，也是有情人难以躲过的劫。就像网上流传的那首仓央嘉措的情诗：留人间多少爱，迎浮生千重变，跟有情人做快乐事，别问是劫是缘。或许，有情有爱，有个人可以相思也是一种幸福吧！

结拍三句"此情无计可消除，才下眉头，却上心头"，是历来为人所称道的名句。王士禛在《花草蒙拾》中说，这三句从范仲淹《御街行》"都来此事，眉间心上，无计相回避"化用而来，而且李句"特工"。两相对比，范句失于平板，李句则别出巧思，以"才下眉头，却上心头"这两句来代替"眉间心上，无计相回避"的平铺直叙，构思上更见精巧别致。"眉头"与"心头"相对，"才下"与"却上"转承，李清照抓住这一瞬间的动作，将那种"此情无计可消除"的离愁别绪表现得淋漓尽致。难怪李廷机的《草堂诗余评林》称此词"语意飘逸，令人省目"，这或许也是李词绵延千年的时光，依然

魅力独具的原因吧！

说起赵明诚旅居外地，李清照寄给他的相思之作，我们似乎无论如何都绕不过那首著名的《醉花阴·重阳》：

薄雾浓云愁永昼，瑞脑销金兽。佳节又重阳，玉枕纱厨，半夜凉初透。东篱把酒黄昏后，有暗香盈袖。莫道不消魂，帘卷西风，人比黄花瘦。

李清照塑像

　　这是一首著名的重阳词。作者在自然景物的描写中，加入自己浓重的感情色彩，使客观环境和人物内心的情绪融和交织，而成就了李清照饱蕴着相思之情的重阳。整整一天，都枯坐在房中，对着"金兽"形状的香炉怔怔出神，"瑞脑"这种香料总有燃尽的时候，在香气弥漫中，时光也仿佛在慢慢变老，唯有相思无尽处，让人泛起离愁，愈怜愈伤。

　　"瑞脑销金兽"，写出了时间的漫长无聊，同时又烘托出环境的凄寂。次三句从夜间着笔，"佳节又重阳"点明时令，也暗示心绪不好、心事重重的原因。常言道："每逢佳节倍思亲"，今日恰逢重阳节，本应该是夫妻团聚、共同饮酒赏菊的日子，可如今，思念的人却在千里之外，陪伴自己的只是影子，所能做的也只是顾影自怜，任那相思之情无限绵长。

　　一个"又"字，充满了寂寞、怨恨、愁苦之感，所以，才会"玉枕纱厨，半夜凉初透"。"玉枕"，瓷枕。"纱厨"，即碧纱厨，以木架罩以绿色轻纱，内可置榻，用以避蚊。"玉枕纱厨"用这样一些具有特征性的事物，在词人的感受中写出了透入肌肤的秋寒，暗示出女主人公的心境，不仅秋寒，更是内心的孤寂清冷。更何况，玉枕、纱厨往昔是与丈夫共用的，可如今自己却孤眠独寝，触景生情，自然是柔肠寸断心欲碎，倍生思念之情了。显然，这里的"凉"不只是身体肌肤所感之凉意，更是心灵所感之凄凉，是别有一番滋味在心头。"佳节又重阳，玉枕纱厨，半夜凉初透"，这三句写出了词人在重阳佳节孤眠独寝、夜半相思的凄苦之情。上篇贯穿"永昼"与"一夜"的则是"愁""凉"二字。

下片倒叙黄昏时独自饮酒的凄苦。"东篱把酒黄昏后，有暗香盈袖"，这两句写出了词人在重阳节日暮时分，把酒黄昏，赏花东篱的情景，衬托出词人无语独酌的离愁别绪。

"东篱"，是菊圃的代称，化用了陶潜"采菊东篱下，悠然见南山"的诗句。古人在旧历九月九日这天，有赏菊饮酒的风习。唐诗人孟浩然《过故人庄》中就有"待到重阳日，还来就菊花"之句。宋时，此风不衰。所以重九这天，词人照样要"东篱把酒"直饮到"黄昏后"，饮一杯酒来暖暖身心，希望能冲淡自己孤寂清冷的思念。菊香盈袖，恍然间觉得一阵清凉。

重阳佳节，把酒赏菊，本来极富情趣。然而丈夫远游，词人孤寂冷清，不禁触景生情，菊花再美再香，也无法送给远方的亲人了；离愁别恨涌上心头，即便"借酒消愁"，亦是"愁更愁"了，又哪有心情欣赏这"暗香浮动"的菊花呢？深秋的节候、物态、人情，已宛然在

目。佳节依旧，赏菊依旧，但人的情状却有所不同。这是构成"人比黄花瘦"的原因。

"莫道不消魂，帘卷西风，人比黄花瘦"，末尾三句设想奇妙，比喻精彩。"消魂"极喻相思愁绝之情。"帘卷西风"即"西风卷帘"，暗含凄冷之意。匆匆离开东篱，回到闺房，瑟瑟西风把帘子掀起，人感到一阵寒意，联想到把酒相对的菊花，顿感人生不如菊花之意。上下对比，大有物是人非，今昔异趣之感。于是，末句"人比黄花瘦"，便成为千古绝唱。

这三句直抒胸臆，写出了抒情主人公憔悴的面容和愁苦的神情，共同创造出一个凄清寂寥的深秋怀人的境界。这三句工稳精当，是作者艺术匠心之所在：先以"消魂"点神伤，再以"西风"点凄景，最后落笔结出一个"瘦"字。在这里，词人巧妙地将思妇与菊花相比，展现出两个叠印的镜头：一边是萧瑟的秋风摇撼着赢弱的瘦菊，一边是思妇布满愁云的憔悴面容，情景交融，创设出了一种凄苦绝伦的境界。

全词开篇点"愁"，结句言"瘦"。"愁"是"瘦"的原因，"瘦"是"愁"的结果，贯穿全词的愁绪因"瘦"而得到了最集中最形象的体现。"瘦"字涵盖了众多情怀，也是李清照重阳独处之时的最好概括。正像是江淹《别赋》中所说的："黯然销魂者，唯别而已矣"，种种的

愁苦皆源自离别之痛，难怪古人说"乐莫乐兮新相知，悲莫悲兮生别离"。

有相聚，就有离别。爱情中总会泛着一些苦涩，有你在身边时，天涯就在咫尺，那触手可及的距离仿佛就是整个世界；你不在身边时，片刻竟是如此的漫长，我的世界早已布满了思念的荒草，饮一杯思念的酒，它竟是如此苦涩。风起处，那帘后的身影，难道不比初开的雏菊更惹人怜惜？衣带渐宽终不悔，为伊消得人憔悴。纵然，人比黄花瘦，此时又有谁来怜惜我呢？

胡仔在《苕溪渔隐丛话》中说："帘卷西风，人比黄花瘦，此语亦妇人所难道也。"元代伊世珍《琅嬛记》记载：易安以重阳《醉花阴》词函致赵明诚。明诚叹赏，自愧弗逮，务欲胜之。一切谢客，忘食忘寝者三日夜，得五十阕，杂易安作以示友人陆德夫。德夫玩之再三，曰："只三句绝佳。"明诚诘之。答曰："莫道不消魂，帘卷西风，人比黄花瘦。"正易安作也。

这段话的意思是说，李清照思念夫君，于是写了这首词寄给赵明诚。赵明诚叹赏之余，却也起了逞才争胜之意，一心要写出比妻子更好的词句来。于是闭门谢客，废寝忘食，花了三天三夜的时间，写了五十首词。然后，把这些词和李清照寄给他的词一起拿给朋友陆德夫看。陆德夫玩味再三，说："只有三句绝佳。"赵明诚追问是哪三句，陆德夫说："莫道不消魂，帘卷西风，人比黄花瘦。"

故事或许不是真的，但足见人们对这三句词的喜爱，或许，正是这含蓄蕴藉的句子如此动人；甚至不惜编造一个故事，来为它附会一段美丽的传说吧！李清照的重阳是满溢着思念之情的重阳，"莫道不消魂，帘卷西风，人比黄花瘦"。这样的句子，数千年来，恐怕也只有她能写得出来。如今，那个孤独寂寞的身影已在时光的印痕中渐渐隐去，可是，那缕缕菊花的暗香，却依然充盈于历史的笔墨中，滋养着一代又一代人的心田。

还有《浣溪沙·小院闲窗春色深》《点绛唇·寂寞深闺》《浣溪沙·髻子伤春懒更梳》等词作，也表达了女主人公对离人的思恋之情。

浣溪沙

小院闲窗春色深，重帘未卷影沉沉，倚楼无语理瑶琴。远岫出云催薄暮，细风吹雨弄清阴，梨花欲谢恐难禁。

浣溪沙

髻子伤春懒更梳，晚风庭院落梅初，淡云来往月疏疏。玉鸭熏炉闲瑞脑，朱樱斗帐掩流

苏，遗犀还解辟寒无。

点绛唇

寂寞深闺，柔肠一寸愁千缕。惜春春去，
几点催花雨。倚遍阑干，只是无情绪。人何处？
连天芳草，望断归来路。

总之，婚后七年的京都生活，对于李清照来说，应
该是幸福美满的。虽然公爹为保全自己，而对她的父亲
李格非袖手旁观，让她遭遇了人生中第一个苦难，但毕
竟丈夫是理解支持她的，这让她在精神上已经很知足了。
虽然她和赵明诚的生活并不富裕，甚至为了收藏某样文
物时常须典衣度日，而且她和赵明诚还时有小别相思之
苦，但毕竟瑕不掩瑜，生活上的些微欠缺，都不能磨灭
她的喜悦之情。时光流转中，她的心情如花一般盛开，
那份来自心底的甜蜜与幸福，甚至
已不是文字所能表达的了。

李清照故居后的梅花泉

风波再起辟青州

崇宁四年（1105年）三月，赵挺之自门下侍郎授右银青光禄大夫、尚书右仆射兼中书侍郎。当赵挺之受到蔡京力荐官拜尚书右仆射时，可以说是权倾朝野，赵家也是门庭若市，鸡犬升天，短短数年间，赵明诚一路升迁，官居鸿胪少卿，正六品。

赵挺之拜相时乃蔡京力荐，入相后屡屡与蔡京争取，当旧党人物已被驱逐殆尽之后，蔡京与赵挺之之间的矛盾日益尖锐，最终赵挺之在权力斗争中失败，罢了相位。蔡京是历史上有名的善于结党营私的奸相，为人臭名昭著，赵挺之与之同党，又与之争权，足见其品格的低下。

崇宁五年（1106年），蔡京罢左仆射，丢了相位，赵挺之特进尚书，仍为右仆射，又登了相位。据史书记载，赵挺之"既相，与京争雄，屡陈其奸恶，且请去位避之。……乞归青州，将入辞，会彗星见，帝默思咎征，尽除京

李清照像　清　崔错

诸蠹法，罢京，召见挺之曰：京所为，一如卿言。加挺之特进，仍为右仆射"（《宋史·赵挺之传》）。赵挺之对蔡京的许多奸佞之举并不苟同，且屡陈其奸恶。

到大观元年（1107年）三月，蔡京因"其党阴援于上，……复拜左仆射"（《宋史·蔡京传》），赵挺之罢相，以特进观文殿大学士、佑神观使留京师。蔡赵此起彼伏，交替升沉，权力之争异常激烈。最后，以赵挺之的彻底失败而告终。两个月后，他被迫辞去宰相之职。这一次赵挺之没有能够在政治风浪中恢复体力，回家五天之后，他就病逝了，终年六十八岁。

赵挺之死后三天，蔡京就开始了大规模的打击报复活动。"挺之卒之三日，京遂下其章，命京东路都转运使王勇等置狱于青州鞫治（审讯）。俾开封府捕亲戚使臣之在京师，送制狱穷究，皆无实事，抑今供析，但坐政府日，有俸余钱，止有剩利，至微，具狱进呈。两省台谏文章论列：挺之身为元祐大臣所荐，故力庇元祐奸党，盖指挺之尝为故相刘挚援引也。遂追赠官，落职。"（宋·徐自明《宋宰辅编年录》卷12《赵挺之行传》）蔡京等人罗织罪名，诬陷赵挺之，甚至将其指为元祐党人。赵明诚兄弟也被投入监狱，后来虽然洗清冤情出狱，但是兄弟三人全部被罢免官职，遣返回家乡山东青州闲居。这一住就是整整十年时间。

曾经，赵挺之在世时，赵家是车水马龙、一派富贵繁华的景象，而当在权力倾轧中失败病死后，世事骤变，赵家已是门前冷落鞍马稀，树倒众人推，人情冷暖由此清晰可见。对仕途一向顺遂的赵家兄弟来说，闲居青州难免会有失去政治靠山的痛苦、失意、沮丧及难过。但从现有资料来看，我们可以发现：赵明诚与李清照退居青州后，并没有因为政治失意而牢骚满腹、萎靡不振。相反，用李清照在《〈金石录〉后序》中的原话来说，他们是"虽处忧患困穷，而志不屈"。这里的穷，是指处于政治上的困境，他们政治上虽处于困厄，却不坠青云之志，活得很洒脱、很有骨气。

　　李清照为青州的居所取名"归来堂"，为自己取号易安居士，以表明淡泊名利，不求闻达的志趣。这个斋名与雅号来自陶渊明《归去来辞》的题目以及其中的两句话："倚南窗以寄傲，审容膝之易安。"意思是：靠在窗下寄托傲然的情怀，房间虽小即使仅能容膝内心已非常满足。

　　他们夫妻二人能够安于困境，其中的一个很重要的原因，就是共同致力于金石碑刻书画文物的收集整理工作。青州十年，这一项工作几乎占据了他们生命的全部，他们的人生价值全都体现在这项工作当中。这其中凝聚着他们的爱情、友情与知己之情，也凝聚着他们对传统文化遗产的热爱与珍视。

　　欣赏精美的文物虽然让人高兴，整理收藏的工作却是枯燥烦琐的，而赵明诚、李清照夫妇却从中获得了莫大的乐趣，在《〈金石录〉后序》中我们可以清楚地感觉到他们的喜悦：有一次，他们"得书画彝鼎，亦摩玩舒卷，指摘疵病"。得到一批珍稀的古人字画、青铜器皿，于是反复观赏点评。白天把玩一整天仍感到不满足，于是晚上继续看，直到夜深了还不想收起来，最后不得不"夜尽一烛为率"，规定点完一根蜡烛后必须休息。看了一天仍看不够，还要秉烛夜看，最后恋恋不舍地收起来，看来欣赏字画文物真是带给他们无穷的乐趣！

　　赵明诚搜集文物，上至上古时代，下至隋唐五代以至当朝；从青铜鼎彝之器到书籍字画，从中原文物到域外珍宝，无所不有。家中的书籍字画堆积如山，案头、茶几、床头、枕边到处都是书、字画、碑帖，真好比沉浸在书籍的海洋当中，对一个读书人来说，真是"乐在声色狗马之上"！

　　青州的十年，赵明诚基本完成了金石学著作《金石录》。其中著录所藏金石拓本两千多种，三十卷，成为继欧阳修《集古录》之后规模更大，更具文物、史学价值的金石学专著。赵明诚也因此成为宋代最杰出的文物收藏家与研究家之一。

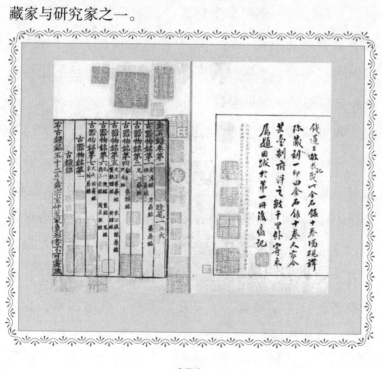

《金石录》的完成，也饱含着李清照的功劳，应该说是赵明诚、李清照夫妻共同协力完成的著作，也是他们幸福美满婚姻、爱情的结晶。后来李清照在《〈金石录〉后序》中介绍了他们夫妇收集、整理金石文物的经过，以及在青州十年的生活、心情等，现在把那篇风格清新、词采俊逸的佳作摘录如下：

"后屏居乡里十年，仰取俯拾，衣食有馀。连守两郡，竭其俸入以事铅椠。每获一书，即同共勘校，整集签题。得书画彝鼎，亦摩玩舒卷，指摘疵病，夜尽一烛为率。故能纸札精致，字画完整，冠诸收书家。余性偶强记，每饭罢，坐归来堂烹茶，指堆积书史，言某事在某书某卷第几页第几行，以中否角胜负，为饮茶先后。中即举杯大笑，至茶倾覆怀中，反不得饮而起。甘心老是乡矣！故虽处忧患困穷，而志不屈。

收书既成，归来堂起书库大橱，簿甲乙，置书册。如要讲读，即请钥上簿，关出卷帙。或少损污，必惩责揩完涂改，不复向时之坦夷也。是欲求适意而反取憀栗。余性不耐，始谋食去重肉，衣去重采，首无明珠翡翠之饰，室无涂金刺绣之具，遇书史百家字不刓阙、本不讹谬者，辄市之，储作副本。自来家传周易、左氏传，故两家者流，文字最备。于是几案罗列，枕席枕藉，意会心谋，目往神授，乐在声色狗马之上。"

　　夫妻二人生活的充实与怡然，已跃然于字里行间。宋徽宗政和四年（1114年）秋，赵明诚为《易安居士画像》题云："易安居士三十一岁之照。清丽其词，端庄其品，归去来兮，真堪偕隐。政和甲午新秋，德父题于归来堂。"清丽的容貌，端庄的品质，飞扬的文采，相投的志趣，易安居士真是我的神仙眷属！

　　总之，青州十年，赵明诚虽然在政治上不得意，却是他们夫妻生活最安逸、最愉快的十年，是他们举案齐眉、琴瑟谐鸣的十年，也是李清照一生中最幸福最惬意的十年，或许在她一生中都占据重要回忆吧！

李清照塑像

莱州生活显惆怅

　　幸福、快乐的十年很快过去了，随着官场的变动，赵明诚又被启用，夫妻二人的隐居生活结束了，忽然间，丈夫又要远行。这对于已经习惯与丈夫朝夕相处的李清照来说，无疑是一个猝不及防的打击。她的心中又再次为离愁别绪所浸染，想到以后别离的日子，她的心中为忧愁所堆积着。

　　赵明诚重回仕途，本是件值得欢欣的事，可在李清照的那首著名的词《凤凰台上忆吹箫》中我们却有一种不同寻常的感觉：

凤凰台上忆吹箫

　　香冷金猊，被翻红浪，起来慵自梳头。任宝奁尘满，日上帘钩。生怕离怀别苦，多少事、欲说还休。新来瘦，非干病酒，不是悲秋。休休！这回去也，千万遍阳关，也则难留。念武陵人远，烟锁秦楼。唯有楼前流水，应念我、终日凝眸。凝眸处，从今又添，一段新愁。

又是一个无聊的上午，醒来后发现自己还是孤单一人，此时，金猊形状的铜炉里，熏香早已熄灭，红色的锦被有些凌乱了，却也无心整理。这一天，李清照起得很晚，好不容易起来后也懒懒地不愿意梳洗打扮，梳妆盒上已多日不曾打开，早已布满了灰尘。都说"女为悦己者容"，可是那个悦己的人不在身边，又打扮了给谁看呢？

看着镜中的自己，神情有些落寞，仿佛若有所思，可是又找不到头绪。镜里朱颜日益消瘦，不是因为醉酒，不是因为悲秋，多少事，欲说还休。罢了罢了，即使是唱了千万遍送别的《阳关曲》，也留不住远行的那个人。留也不能留，去也终须去，如今依旧是我独自一人，无情无绪，每天只有楼前的流水与我相伴。离愁恰如这东流水，一波未平，一波又起，潮来汹涌，怕只怕，这门前流水也载不动我的新愁旧绪吧！

词中涉及了两个典故：武陵人远和烟锁秦楼。

武陵人远，来自南朝刘义庆所著《幽明录》中的一个神话传说。据说汉朝的时候，刘晨、阮肇二人入天台山采药迷路，遇上两位仙女，乐而忘返，与她们共同在

清照园，位于山东省济南市章丘区

一起生活了大半年。返家后，方知世间已过六世。正所谓山中方一日，世上已千年。唐人王之涣曾有《惆怅诗》云："晨肇重来事已迷，碧桃花谢武陵溪。"北宋韩琦《点绛唇》中写道："武陵回睇，人远波空翠。"意境与李清照此词相仿佛。

至于烟锁秦楼，西汉刘向《列仙拾遗传》记载：萧史善吹箫，作凤鸣。秦穆公以女弄玉妻之，作凤楼，教弄玉吹箫，感凤来集，弄玉乘凤、萧史乘龙，夫妇同仙去。这个故事讲的是秦穆公的时候，有一个叫萧史的人特别善于吹洞箫，秦穆公非常喜欢，就把自己的女儿弄玉嫁给了他。弄玉嫁给他之后专攻吹箫，模仿凤凰的声音，吹得很像。终于有一天，凤凰听到这个美妙的声音，就来到了弄玉和萧史的身边，弄玉和萧史就乘着凤凰飞走，双双升仙而去。

在现实生活中，李清照却没有弄玉和萧史那样的美满，而是与赵明诚人居两地，过着相思成愁的生活。在武陵人远的典故中，那两个人迷路，误入仙境后，与仙女生活了半年的时间，待到回来时，世上已过千年。可以说，这是一个离别后有外遇的典故。那么，离家出外做官的人是否也遇到了仙女，也与她们生活在一起，欢娱畅饮而不知今夕是何年？

爱情，终会老去，或早或晚，或许只是不经意间回首，而你已不在身边。所谓的相濡以沫、相伴到老，那绝不是爱恋时的热血誓言，而是在生活的风风雨雨中，两个人的相互理解、相互扶持，已经走入婚姻殿堂的两个人又要经历多少磨难才能够修得个岁月静好、红尘渐老啊！

李清照在词中不无含混地说："多少事、欲说还休。"究竟是什么事情，让她想了又想，却是欲说还休？千言万语，万语千言，只化作"应念我、终日凝眸。凝眸处，从今又添，一段新愁"。这一瞬间，时光仿佛凝滞，秋波如水，却笼上了一层拂不去、理还乱的哀愁。或许，只有眼前的流水会知我此时情吧。流水终究要逝去，我的

这些愁思却不知何时能消除。到底是什么样的忧愁惹得李清照欲说还休、终日凝眸？她的心中到底怀着怎样的隐痛？这种隐痛是否与赵明诚有关，他们之间到底发生了什么事？

宋徽宗宣和三年（1121年），四十一岁的赵明诚到山东莱州担任知州，这次他提出来把夫人李清照也带在身边一起去做官。自从离开青州以后，他们夫妻二人就一直断断续续地两地分居，这回终于有机会要团聚了，这是多么美好的事啊，局外人也为他们感到幸福。可是当李清照一路风尘仆仆地从青州赶到莱州的时候，等待她的又是什么样的生活呢？是不是像她想象中的那样美好呢？从李清照到达莱州后写的一首《感怀》当中，我们似乎能寻到答案。

感　怀

寒窗败几无书史，公路可怜合至此。

青州从事孔方兄，终日纷纷喜生事。

作诗谢绝聊闭门，燕寝凝香有佳思。

静中吾乃得至交，乌有先生子虚子。

诗前小序说："宣和辛丑八月十日到莱，独坐一室，平生所见，皆不在目前。几上有《礼韵》，因信手开之，约以所开为韵作诗。偶得'子'字，因以为韵，作感怀诗云。"由诗中可见，可能是赵明诚刚刚到任的原因，对家室并没有如何布置，李清照所居之室不仅是寒窗败几，而且空空荡荡的，没有她喜欢的金石收藏以供日常把玩，没有她熟悉的诗书典籍以供翻阅，初来乍到的李清照不由得有些孤单、有些无聊。

公路，是东汉末年袁术的字。袁术穷途末路的时候，兵少粮绝，处境困窘。时值盛夏，袁术想喝蜜糖水，军中却无蜜，连麦屑都仅剩三十斛。袁术叹息道："术至于此乎！"吐血而死。（详见《三国志·袁术传》）李清照以袁术死前的境况自比，写出了自己偏居陋室、室中空

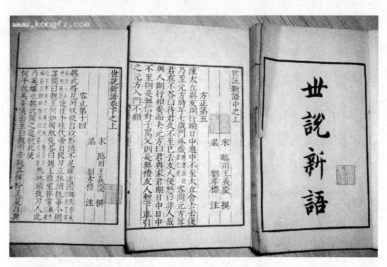

《世说新语》书影

无所有的情景。

"青州从事"指美酒。《世说新语·术解》载：桓温手下有一主簿，善于辨别酒的优劣，所以桓温饮酒之前总是让他先品尝。该主簿称佳酿为"青州从事"，称劣酒为"平原督邮"。因为青州有齐郡，"齐"字谐音"脐"，喻酒力一直舒畅到脐部；而平原有鬲县，"鬲"字谐音"隔"，比喻劣酒味停留在胸腹间的隔膜，难以下咽。"孔方兄"这个比喻很常见，大家都知道是指钱，古时铜钱内方外圆，故称之为"孔方兄"。李清照在这里用抱怨的语气说，人们正是因为有了对美酒的口腹之欲和对金钱的追求向往，才有了离家在外、四处奔波的情况，才有了终日纷杂的琐事，正所谓"天下熙熙，皆为利来；天下攘攘，皆为利往"。红尘扰壤，又有几人能完全抛弃繁华世界声色欲念的诱惑呢？赵明诚也是这样，正因为他外任官职，才与妻子多年分居两地，放弃了当时夫妻志趣相投的闲适生活，即使现在妻子来到莱州，他依然在忙于公务，让李清照独居空室。李清照怎么能不怨恨"青州从事孔方兄"的"终日纷纷喜生事"呢？

然而，李清照终为饱读诗书的才女，她虽然有些自怨自艾，但不会自暴自弃，极度无聊之中，她选择的是拾笔磨砚，赋诗为文以排遣寂寞，所以说"作诗谢绝聊闭门"。"燕寝凝香"也是一个典故，出自唐代诗人韦应

李清照塑像

物《郡斋雨中与诸文士燕集》之"燕寝凝清香",指地方官员的公馆,这里代指赵明诚与李清照夫妻此时居住的莱州官府公馆。因为居于陋室空馆,且门庭冷落,才女李清照得以才思喷涌得佳句,也正为有此佳思佳句,她郁闷的心情才能够略为排解。

本来嘛,李清照离开生活了多年的青州,一路奔波,就是为了与丈夫团聚,过上琴瑟谐调的生活;可谁想,到莱州之后,依然是独居一室,面对寒窗空几,连喜爱的金石、典籍都不得为伴,满腹辛酸又有谁知呢?想到这里,李清照忍耐不住心中幽怨,自称"静中吾乃得至交,乌有先生子虚子"。"乌有"和"子虚"是西汉著名文学家司马相如《子虚赋》中虚构的人物,取名之意就是说根本没有这样的人物存在。李清照这句话的意思很明显:自己在无边的寂寞中与"子虚先生"和"乌有先生"这样虚构的人物结为了至交,赵明诚你不是忙吗?那就忙于公务去吧,我也不指望你回家陪伴了。

读罢这首《感怀》,不禁有些疑问,刚刚与丈夫团聚的李清照,终于不用再"一处相思,两处闲愁"了,终于能够与丈夫剪雨西窗、共赏团圆月了,可她为什么流露出满腹哀怨呢?难得是嫌弃居于寒室陋舍、抱怨丈夫过分忙于公务而忽略了自己吗?

李清照知书达礼,决不会不顾大局因为丈夫忙于公务而抱怨的，她的生活也一向朴素简单，从来就不是一个贪图享受的人，这在她的《〈金石录〉后序》里说得很明白，"食去重肉，衣去重彩，首无明珠翠羽之饰，室无涂金刺绣之具"。饮食上没有大鱼大肉，穿着上没有珠翠环绕，房间里也没有雕梁画栋，只要有一个真心相爱的人与我志趣相投，举案齐眉，相伴到老，这就足够了。滚滚红尘中有你与我相伴到老，还有什么不满足呢？

李清照的生活态度一向如此，为什么到莱州后却有所改变，甚至在诗中也流露出惆怅之情，要与子虚、乌有先生成为至交呢？王国维先生说："一切景语皆情语也。"环境景物，往往是诗人心情的投射。李清照赴莱州与丈夫赵明诚久别重逢，这本是件高兴的事，可在她的诗中我们读到的却是秦观"可堪孤馆闭春寒，杜鹃声里

李清照纪念馆内题词 『传诵千秋』

斜阳暮"的那种凄苦，这是为什么呢？

　　虽然李清照没有明说，可我们感觉能让她如此情绪低落的原因，一定和赵明诚有关。宋代达官贵人、文人士大夫家庭蓄养歌伎舞女之风甚盛，许多官员至外地赴任，不携带妻子，却忘不了携带年轻有姿色、有才情的歌伎侍妾。与当时的社会风气相适应，宋代歌楼妓院的生意也十分兴隆，酒宴上演唱劝酒的风气盛行，甚至官府也蓄养一批歌妓，称"营妓"或"官妓"，供公家宴会时陪唱娱乐。宋代达官贵人、文人士大夫经常出入于这些风流娱乐场所，"偎红倚翠"，莺歌燕舞，这已经成为一种普遍的社会风气。

　　风气所及，身为太学生的赵明诚也不能不受时俗感染，出入于歌楼酒馆，蓄养几位侍儿小妾，以供平日歌舞宴饮，这也是很正常的事。从李清照《〈金石录〉后序》中所透露的消息，正说明了赵明诚曾经纳有侍妾。李清照叙述赵明诚临终之前，"取笔作诗，绝笔而终，殊无分香卖履之意"。"分香卖履"的典故出自曹操的《遗令》："余香可分与诸夫人。诸舍中无所为，学作组履卖也。"这是说曹操临终之际分配部分财产，告诉他的夫人包括他的侍妾们，你们要怎么做才能保证自己长久地过上好的生活。李清照在这里引用这个典故是说，赵明诚临终前没有来得及向妻子和侍妾们交代后事，但反过来也可以证明他是有侍妾的。

　　赵明诚蓄养侍妾是肯定的事，估计也不是从到莱州后才开始，而是早就有之，那为什么李清照以前不抱怨，到莱州后才流露出怨气呢？而且蓄妾也是宋朝普遍风气，不会让身为正夫人的李清照抱怨至此吧？赵明诚早年也偶尔出入风月场所，可能也一直蓄养侍妾，不过那时候他与李清照情投意合，卿卿我我，李清照基本垄断了丈夫的情感，并无危机意识，自然也不在意他的逢场作戏。待到他出外做官，作为妻子的心是敏感的，似乎已经意识到丈夫不仅与自己隔开了空间的距离，同时也拉开了情感的距离。毕竟，此时李清照已经是年近四十的妇女，

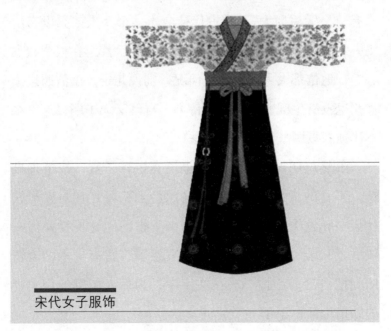

宋代女子服饰

而且与赵明诚多年的夫妻生活，双方的情感早已由爱情变为温情，此时赵明诚渐渐被更加年轻漂亮的侍妾所吸引，相对地冷落李清照，也是平常的事。

令李清照抑郁的原因，可能还有一个：就是她与赵明诚结婚多年都没有子嗣。关于这一点，宋人屡有记载：洪适在《〈金石录〉跋》说"赵君无嗣"（《隶释》）；南宋人翟耆年在金石碑刻文字方面的专著《籀史》中说赵明诚文物收藏非常丰富，但是"无子能保其遗余，每为子叹息也"。没有子女继承自己的遗产，收藏得再丰富又有什么用呢？故每每想到这样的事情就禁不住叹息，他叹息，身为妻子的李清照自然也为没生育孩子而难过。毕竟，"不孝有三，无后为大"，在古代社会，一个女人如果没有给丈夫生个儿子，那这个妻子在丈夫心中，甚至在整个族人心中，地位都大大下降，更何况，别说儿子，李清照连个女儿也没有生呢？丈夫蓄养侍妾，自己又无子嗣，这怎么不让她满腹惆怅、满腔哀怨呢？

虽然赵明诚与其他侍妾也没有生育子女，按情理推断，不育的责任不一定在李清照身上，可是在封建男权社会中，这个责任都是由女子来承担的。这要是换做一般女子只能独自饮泣，在心中哀怨了，富有文采的李清照则把自己的心情书写在文字中，为后人了解他们夫妻的感情生活留下了一个凭证。

当然，瑕不掩瑜，赵明诚与李清照还是有多年的感情基础的，虽然岁月不饶人，李清照已近中年，可她的才情、文采却不是一般青春靓丽的女子可比的。赵明诚对她仍怀有深情，他们之间的志同道合、相知相契也不是一般生活琐事所能消磨的，丈夫接她到莱州任上就是明证。宋代的官制有规定，在一个地方担任地方长官三年期满后，就要调换到另一个地方，这样，三年后，赵明诚就由莱州调任到淄州担任知州。在那里，他一边勤于政事，一边继续寻觅、收藏自己喜欢的金石、字画等。

在淄州境内有一个村子叫邢家村，村里有个叫邢有嘉的长者。一次，赵明诚去拜访他，邢有嘉拿出唐代白居易手书的佛教经典《楞严经》给他欣赏，这个是非常珍贵的真迹，赵明诚拿到以后，立刻骑马狂奔回家。自己说："因上马疾驰归，与细君共赏。时已二鼓下矣，酒渴甚，烹小龙团，相对展玩，狂喜不止，两见烛跋，犹不欲寐，便下笔为之记。""细君"指妻子李清照。白居易是唐代数得上数的大诗人，又是佛教信徒，自称"香山居士"。赵明诚看到他的手迹，自然狂喜不已，马上拿回家要细细地看，而且急欲与妻子分享，可见他还是把李清照当作知音的。他们边喝酒边欣赏，一直欣赏到二更天还不愿意入睡，后来又泡上了非常名贵的小龙团茶，就连蜡烛也燃尽了两根，算一下时间，估计这已是到后

半夜了。

用康震老师的话说，"当时赵明诚所遇到的歌妓，所娶的小妾，可能貌美如花，青春靓丽，声情婉转，能满足赵明诚一时的耳目之乐，但赵明诚并不能与她们分享自己内心真正的快乐，她们永远也无法体验到李清照与赵明诚间这种相濡以沫、知音相惜的人生况味。这意味着，在人生的旅途中，在夫妻携手同行的旅途中，也许会历经许多的风雨，也许两个人会走上歧路，但最重要的是，只要他们的手中牢牢地握着彼此的爱情信物，就一定会找回自己的另一半，就一定能再次聚首同行。对于赵明诚和李清照而言，他们的爱情信物就是他们几十年来的相爱相知，就是几十年来共同从事的文物金石字画的收藏品鉴事业，就是他们几十年来共同的高雅生活情趣。"（《康震评说李清照》）

清照词园，位于山东省济南市章丘区

国难当头烽烟起

在宋太祖赵匡胤建立宋朝之初，为了使宋朝不再成为继五代十国后的又一个短命的王朝，他制定了一系列的政策方针。首先在军事方面，他以"杯酒释兵权"的方法解除了大将对军队的控制，并设立中央禁军，将各地精兵收归京城禁军管辖，使宋朝对军队有了完全的掌握权。另外，宋沿袭唐制，又在一定程度上削弱了各官的职权，使皇帝掌握的权力超过了历朝历代。

在五代十国的后晋时期，曾把北方的燕云十六州割与契丹族所建立的辽国。为了收复燕云十六州，北宋与辽国进行了长期的战争。自宋太宗赵光义起，北宋曾多次与辽交战，但一直未能收复失地。直至公元1004年，宋真宗与辽国在澶州定下了停战和议，约定宋辽为兄弟之邦，北宋每年向辽交纳"岁币"，双方互不侵犯。自此，中国北方才有了少许安宁，宋、辽的这次结盟被后

世称之为"澶渊之盟"。这次结盟使北宋的经济发展得到了飞跃，又使边疆的人民得以安居乐业。

宋仁宗康定元年到庆历二年（1042年）期间，西夏皇帝元昊对宋方又发动多次大规模的军事进攻，双方损失都很大，结果在庆历四年（1044年）订立和约，史称"庆历和议"。和议规定：元昊取消帝号，接受宋朝册封；宋方每年给西夏银七万二千两，绢十五万三千匹，茶三万斤，称"岁赐"；开放双方边境贸易等。庆历和议订立后，西北边境平静了二十多年。

北宋与辽国、西夏国长年对峙，北宋通过每年送给两国巨额的金帛岁币来维持短暂的和平。后来，金国不断崛起与强大，辽国、西夏国日趋衰败，北宋朝廷与金国订立同盟，决定合力攻打辽国。然而，北宋军队将领昏聩，党争严重，军纪涣散，军队作战能力低下，在与辽军的交战中连连惨败，让金国看到了可乘之机。

宋徽宗宣和二年（1120年），宋金两国结成海上之盟，协议金进攻辽中京，而宋攻辽燕京，事成之后，燕云十六州归宋，其余国土归金。后来金兵攻破辽中京，而宋朝二十万大军大败。燕京被金人所攻占，天祚帝被俘，辽国灭亡。金灭辽之役严重暴露宋军的腐败。宋廷竟要求金人履行协议，将燕京归宋，金人反指宋人没有履行攻打燕京的盟约。宋廷则用岁币将燕云十六州买回。

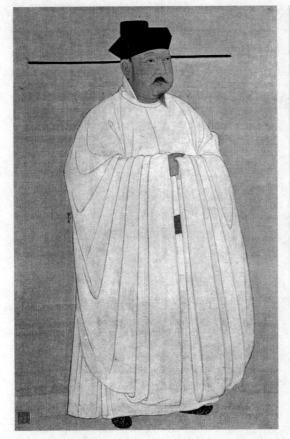

宋太宗赵光义像

　　宋徽宗宣和四年（1122年）七月，前辽国将领、金平州（今河北卢龙）留守张觉以平州降宋，事败逃奔刚刚成为北宋燕山府的原辽燕京，金人以私纳叛金降将为由问罪。北宋燕山府不得已斩了张觉，使燕云十六州的汉人均感到不满。宋徽宗宣和七年（1125年）八月，金国以张觉事变为由攻宋。

　　宋徽宗宣和七年（1125年），金军分东、西两路南下

攻宋。东路由完颜宗望领军攻燕京，西路由完颜宗翰领军直扑太原。东路金兵破燕京，渡过黄河，南下汴京（今河南开封）。宋徽宗见情势危急，于是禅位给太子赵桓，赵桓继承皇位，是为宋钦宗。

宋钦宗靖康元年（1126年）一月，完颜宗翰率金兵东路军进至汴京城下，逼宋议和后撤军，金人要求五百万两黄金及五千万两银币，并割让中山、河间、太原三镇。同年八月，金军又两路攻宋；闰十一月，金两路军会师攻克汴京。宋钦宗亲自至金人军营议和，被金人拘禁。

靖康二年（1127年）二月，金人废黜宋徽宗、宋钦

辽上京遗址

宗，北宋王朝灭亡。三月，宋徽、钦二帝以及三千多赵氏宗室及大臣被金兵押往金国。五月，康王赵构在南京应天府，即今河南商丘宣布继承皇帝位，是为宋高宗，南宋王朝建立。

从宋徽宗政和元年（1111年）到宣和七年（1125年）的十四年间，朝廷内外先后发生了宋金两国订立攻取辽国的"海上盟约"，金国攻灭辽国，宋金两国关于燕京、西京归宋的问题争端，金兵大举进攻开封等等重大历史事件。大略从1111年至1118年这段时期，赵明诚与李清照正是退居山东青州之时，从1119年至1125年这段时期，赵明诚先后在莱、淄二州任职。根据李清照自己在《〈金石录〉后序》中的描述，"后屏居乡里十年，仰取俯拾，衣食有余。连守两郡，竭其俸入以事铅椠。每获一书，即同共勘校，整集签题。得书画彝鼎，亦摩玩舒卷，指摘疵病，夜尽一烛为率。故能纸札精致，字画完整，冠诸收书家"。也就是说，尽管时局动荡，烽烟四起，但当时最吸引他们夫妻二人兴趣的依然是金石文物收藏。

他们想远离政治的纷争、远离社会的动荡，过着且诗且酒、鉴赏文物、养心怡情的生活，但人在社会中岂能任由自己的意愿行事？覆巢之下又安有完卵？风雨飘摇中的北宋大家庭也终将为这个小家庭带来动荡不安，

甚至灾难性的打击。靖康之难后，赵宋王朝匆匆南逃，开始了中国历史上国家民族极屈辱的一页。李清照在山东青州的小家也支离破碎，一家人开始过着漂泊不定的生活。当时，身为淄州知州的赵明诚已经切身感受到了战火的气味。宋人许景衡在《横塘集》中记载："敕，遹卒狂悖，惊扰东洲。尔为守臣，提兵帅属，斩获为多。今录尔功，进官一等。"淄州境内经常会有从宋金交战的战场上溃散下来的散兵游勇，他们聚众滋事，扰乱民生，身为守臣的赵明诚派兵镇压，维护淄州境内的安全，他也因此而官升一等。

李清照在《〈金石录〉后序》中写道："闻金寇犯京师，四顾茫然，盈箱溢箧，且恋恋，且怅怅，知其必不为己物矣。"听说金兵已经攻破京城的消息后，环顾四周，心中一片茫然，不知道该怎么办。看着他们夫妻两人这几十年来收集整理的一箱箱的金石文物字画，他们把玩着自己这些视若珍宝的东西，心中无比留恋，且又无比惆怅，恐怕它们将不归自己所有了。国难当头，烽烟四起，俗话说"宁做太平犬，不做乱离人"，在这个动荡的年代，人对于自身的命运都无法把握，更何况保全这些文物呢？这些珍品最后将流落何方，将是什么遭遇，只有听天由命了。

不幸的是，宋高宗建炎元年（1127）三月，赵明诚的母亲郭氏在江宁（今江苏南京）撒手西去。依循古礼，赵明诚兄弟必须离任赴江宁奔丧。于是，赵明诚夫妇奔母丧南下。四月，金统治者攻破北宋都城后，掳徽、钦二帝及宗室、后妃数千人北去。赵宋王朝在惊慌未定仓皇逃难之时匆匆建立了一个小朝廷，立康王赵构为高宗皇帝，改国号为建炎。从此，颠沛流离的生活便成为宋朝子民的平常日子了。

关于这次奔丧情况，李清照在《〈金石录〉后序》中有记载："建炎丁未，春三月，奔太夫人丧南来，既长物不能尽载，乃先去书之重大印本者，又去画之多幅者，又去古器之无款识者。后又去书之监本者，画之平常者，器之重大者。凡屡减去，尚载书十五车。至东海，连舻渡淮，又渡江，至健康。青州故第，尚锁书册什物，用屋十余间，期明年春再具舟载之。"夫妇二人去奔丧的时候，把收藏的东西，挑了又挑，减了又减，还装了十五车。我们不清楚他们的车到底是多大的，但起码精简后的文物字画也不少呢。

生性至孝的赵明诚在听闻母亲的噩耗后，用最短的时间将家里的文物筛拣后，南下奔丧了。同时，为了更多的保全文物，两人做出让李清照冒着遭遇战乱的危险，独留于青州的决定，同时整理文物并一应家务，等第二年春天再预备船只运往江宁。幸好，到了四五月间，据

宋太宗的御书钱"淳化元宝"

守开封的伪楚政权张邦昌迫于巨大的压力，不得不将开封交还宋王朝，由抗金名将宗泽担任东京留守，负责开封的防务。整个河北、山东、河东地区的形势因而得以缓解。

宋高宗建炎元年（1127年）十二月，距离第二年开春不远的时候，处在动荡局势中的青州忽然发生兵变，青州郡守曾孝序派遣手下将官王定去平定兵变，结果兵败而归。曾孝序严厉督责王定再次出战，否则以军法处置。王定狗急跳墙，发动手下败兵倒戈反击曾孝序，曾孝序父子惨遭叛军杀戮。在这样危急的形势下，收藏在青州的文物"凡所谓十余屋者，已皆为煨烬矣"《〈金石录〉后序》），即十余屋的文物都在战火中化为灰烬了。

在战火纷飞中，身为弱女子的李清照还是尽全力保全了部分珍贵的收藏。赵明诚曾在《蔡襄〈赵氏神妙帖〉

跋》中对这件事有清晰的记载："此帖章氏子售之京师，余以二百千得之。去年秋西兵之变，余家所资，荡无遗余。老妻独携此而逃。未几，江外之盗再掠镇江，此帖独存。信其神工妙翰，有物护持也。"赵明诚说这本《神妙帖》本是自己花费了二十万钱从东京章氏人家购买来的，兵变发生之后，青州家中所有的贵重物品全都荡然无存，妻子李清照逃出的时候，唯独携带着此帖。后来李清照乘船南下，经过镇江之时，又遭遇强盗的抢掠，只有这幅字帖保存完好无损，赵明诚不禁感慨，这定是有神明护佑！其实，赵明诚更应该感谢的还是妻子的勇敢和坚强吧！

南渡第二年，赵明诚丧服未满，即被任为京城江宁（建康）的知府，随后，李清照也抵达江宁，历经战乱的夫妻二人终于在江宁团聚了。山河破碎，生灵涂炭，李清照夫妇多年收集的金石字画已损失大半。此时，李清照的心中国耻家恨交织，于是写出了"南来尚怯吴江冷，北狩应悲易水寒"和"南渡衣冠少王导，北来消息欠刘琨"等壮烈诗句，锋芒直指偏安一隅、苟且偷生的南宋小朝廷。

"王导"乃晋人，元帝南渡即位之后，王导为相，历事三朝，对晋朝的中兴做出了很大贡献。《世说新语·言语门》载："过江诸人，每至美日，辄相邀新亭，藉卉

蕉荫读书图　清　吕彤

饮宴。周侯中座而叹曰：'风景不殊，正自有山河之异。'
皆相视流泪。唯王丞相愀然变色曰：'当共戮力王室，克
复神州，何至作楚囚相对？'""刘琨"与王导同时。元
帝未即位时，刘琨曾上表进谏，当时他是并州刺史。晋
室南渡之后，刘琨留在北方，后被奸臣所害。《世说新

语·言语门》载："刘琨虽隔阂寇戎，志在本朝。谓温峤曰：'班彪识刘氏之复兴，马援知光武之可辅。今晋祚虽衰，天命未改。吾欲立功于河北，使卿延誉于江南，子其行乎？'温曰：'峤虽不敏，才非昔人。明公以桓、文之姿，建匡立之功，岂敢辞命。'"一个在南，一个在北，都耿耿不忘收复失地，重振山河。从这两句诗中，我们可以看出李清照虽为一介女流，却不同于七尺男儿的志气，她的爱憎也毫不含糊地表现出来。

此时，虽然是政局动荡，在危急之秋出任江南重镇郡守的赵明诚并没有因此停下收藏文物的工作。原来他们夫妇为了收藏文物而节衣缩食，甚至常常典当衣物，如今做了重镇郡守的赵明诚，也算薄有资产，却发生了一件玷辱他品质的事情。根据《嘉泰会稽志》记载，"此图乃江南李后主故物。周谷以与其同郡人谢伋。伋携至建康，为郡守赵明诚所借，因不归"。唐代画家阎立本的作品《萧翼赚兰亭图》据说是南唐后主李煜的旧物，周谷送给了同郡人谢伋，谢伋是赵明诚的一位表亲，他带着阎立本的这幅《萧翼赚兰亭图》路过江宁的时候，结果这幅画被赵明诚借走，再也没有归还。虽然赵明诚此举出于对字画的真心喜爱，可有借无还也多少有些让人侧目吧！

建炎三年（1129年）春，李清照作了一首词《临江仙·庭院深深深几许》：

> 庭院深深深几许？云窗雾阁常扃。柳梢梅萼
> 渐分明。春归秣陵树，人老建康城。感月吟风多
> 少事，如今老去无成。谁怜憔悴更凋零。试灯无
> 意思，踏雪没心情。

山河破碎，时局动荡，南宋小朝廷都在风雨飘摇之中，人事变幻似景非景，素来关心时事而无法躲进小楼吟风弄月的李清照此期创作了大量的诗词。宋人周在笔记杂史《清波杂志》卷八中记载："顷见易安族人言：

绣枕晓镜图　宋　王诜

'明诚在建康日，易安每值天大雪，即顶笠披蓑，循城远览以寻诗。得句，必邀其夫赓和，明诚每苦之也。'"每当天降大雪的时候，李清照就会披着蓑衣，顶着斗笠，登上城楼远望，寻觅诗句。只要得到诗词佳句，必定邀请赵明诚唱和，赵明诚却常常为此感到苦恼。为什么苦恼呢？可能是因为公务繁忙，没有时间陪夫人登楼赋诗吧？他虽然是个才子，却没有夫人才思敏捷，文采不足以与夫人唱和往来，恐怕这也是原因之一。

宋高宗建炎三年（1129年）二月，御营统制官王亦在江宁城内起兵作乱。这时，赵明诚做江宁知府已经做了一年多了。御营统制职位比江宁知府要低，但是他统御的兵力却是归朝廷直接统辖的。他起兵作乱，这对于江宁城是很危险的，所幸的是赵明诚的部下，江东转运副使李谟听说了王亦要叛乱的消息后，急忙告诉了赵明诚。就在这时，赵明诚接到了调任湖州知州的调令。他的想法可能是，自己已经不是江宁知府，与这里的事无关了，这里所有的事情都应该由新任的江宁知府来处理了。

幸好，李谟采取了果断措施，而没让叛军得到什么好处。可是，让大家吃惊的是，当天夜里，赵明诚居然和另外两个江宁府的官员从城楼上悬下绳索逃走了。事后，他被朝廷撤职。于是，他们夫妇沿长江而上向江西

方向流亡，根据李清照在《〈金石录〉后序》中的记载，他们先到达了安徽的芜湖、当涂，后来又在池州，打算从那儿，去江西的赣江之滨居住，就此过隐居的生活。

李清照这个身怀民族大义的女子，虽然原谅了丈夫临阵脱逃的行为，可是内心却一直为丈夫的懦弱无节感到羞愧。当二人行至乌江镇时，李清照得知这就是当年项羽兵败自刎的地方后，不禁心潮起伏，面对浩瀚长江，吟下了这首千古绝唱《夏日绝句》：

生当做人杰，死亦为鬼雄。

至今思项羽，不肯过江东。

李清照认为项羽之所以是英雄，就是因为他虽然有退路，但他宁折不弯，绝不包羞忍耻，宁可自刎而死，也不苟且偷生。宁可站着死，绝不跪着生，这就是李清照的英雄观。全诗只有四句，二十个字，却含意深刻，发人深省。明里是说项羽的视死如归，佩服他的英雄气概，暗里恐怕不仅有对南宋小朝廷畏敌如虎、无耻偷生的讽刺，也有对赵明诚弃城逃跑的不屑吧？

不知赵明诚听着妻子发出的这一字一句的金石之声，心中做何感想？赵明诚被罢免不到三个月，又接到圣旨，继续任命他为湖州知州。按照赵明诚的安排，他让李清照暂时在池州安顿下来，等到他面见宋高宗后，回来接她一起奔赴湖州。临走前，他对李清照千叮咛万嘱咐，生怕她出什么问题。结果出乎二人意料的是，李清照没出什么问题，赵明诚却出问题了。六月十三日，盛夏酷暑，赵明诚离池阳，"涂中奔驰，冒大暑，感疾"。行至建康时，病势已重。七月末，李清照于池阳闻讯，心急如焚，急忙乘小船到建康，然后已经是无力回天。八月十八日，赵明诚重病不起，曲笔做绝命诗。他对家里的事也没有做更多的交代，就此撒手而去。

李清照和赵明诚这对相知相伴二十八年的知音夫妻，就此画上了一个令人悲痛欲绝的句号。这一年赵明诚不过四十九岁，李清照不过四十六岁，失去了丈夫的李清照又将如何面对时局的动荡和生活的困窘呢？虽然在赵明诚短暂的一生中，他曾经以临阵脱逃为自己的人生增添了很不光彩的一笔，但和李清照毕竟是相知多年的夫妻，如今，他的不幸辞世，还是让李清照悲痛欲绝，难以排遣自己内心的悲哀。

《孤雁儿》这首词很充分地表达了赵明诚刚刚去世不久，李清照的内心世界：

　　藤床纸帐朝眠起，说不尽、无佳思。沉香断续玉炉寒，伴我情怀如水。笛声三弄，梅心

惊破，多少春情意。小风疏雨潇潇地，又催下、千行泪。吹箫人去玉楼空，肠断与谁同倚。一枝折得，人间天上，没个人堪寄。

《孤雁儿》这个词牌，原名《御街行》，乃柳永所创。宋代的《古今词话》中收录了一首无名氏所作的《御街行》，其中有"听孤雁声嘹唳"句，所以也叫《孤雁儿》。李清照选用这个词牌名，是为了形容自己寡居生活的孤苦无依，清冷的四周环境更让她倍感凄凉，同时也更加重了对赵明诚的思念之情。

早晨不愿意起来，一个人的生活没有什么事情可做，无情无绪地在这个寂寞地清早慵懒着。香炉里燃着的沉香，也断断续续地快烧完了，余烟袅袅，余香缭绕，香炉却已经慢慢地冷却下来，像极了我的心情。"伴我情怀如水"不是说自己的心已如止水，而是说像水一样寒冷。

这时，仿佛听见窗外传来了古曲《梅花三弄》的声音。那是自己曾经和丈夫一起听过的笛声啊，可是如今这个曲子牵扯的却只是怀念之情。梅花三弄，这一曲温婉的曲调，催绽了万树梅花，催来了满园春色。可是春天再好，梅花再美，它们也与我无关了。

门外细雨潇潇，万事万物都仿佛焕发着生机，门内却是一个形如槁木、枯坐的女子，此情此景，又怎能不让人泪下千行呢？赵明诚已经与自己阴阳两隔，幽冥异路，纵然有优美笛声，如花美景，也没有人与自己一起欣赏了，再美的景色又有什么用呢？想到这里，不禁让人肠断。昔日的欢乐已经成为梦幻，只残留下刻骨的哀思，即使是折下梅花，找遍天上人间，又寄给谁呢？

折梅送友人的典故来自南北朝时期，那时有个人叫陆凯，他居住在江南；他有一个好朋友叫范晔，居住在长安。两人关系特别好，就折下一枝梅花，托人寄给长安的范晔，还写了一首名为《赠范晔》的诗：折梅逢驿使，寄与陇头人，江南无所有，聊赠一枝春。

陆凯送给友人的那枝梅花傲然绽放，幽香袭人，李清照的这一枝梅花却不知道寄给谁，只能让余香在自己身边环绕。寂寞凝愁，空闺余恨，生命里没有了你，我也只能像这枝梅花一样，渐渐凋零了。天上人间，人间天上，你在那边，我在这边，从此，生死永隔，再无音讯，从此，心如止水，再无波澜。

已经年近五十的李清照，不仅承受着丈夫去世的悲痛，还恰逢烽烟四起的动荡之秋，孤苦伶仃的她，又将如何安排自己的余生呢？

颠沛流离苦飘零

　　在政局动荡、生灵涂炭的岁月中，四十六岁的李清照带着丈夫留下的金石文物在战乱中孤身一人，四处逃难。随着金兵大举压境，洪州失陷，李清照运往洪州的文物顷刻间在战火中化为乌有，她带着沉重的文物书籍开始逃难，基本是追随着皇帝的逃亡路线。高宗赵构从建康出逃。经越州、明州、奉化、宁海、台州，一路逃下去，一直漂泊到海上，又过海到温州。李清照这个孤苦无依的妇人也一路辛苦地追随着国君逃亡的方向，苦苦地坚持着。赵明诚生前有托，这些文物是丈夫生前的希望，无论从个人喜爱还是从安慰死去的丈夫的角度来讲，她都不忍心丢弃这些文物，而且《金石录》还没有出版，这是她一生的精神寄托。她还有一个想法，就是想把有些文物献给皇帝，毕竟国君是一个国家的代表，但是高宗逃得实在是太快了，她这个年近五十的妇人怎么也没有追上逃命的皇帝。

建炎四年（1130年）十一月，高宗看到身后跟随的人太多不利于逃跑，就干脆下令遣散百官。李清照望着龙旗龙舟消失在茫茫大海中，不知曾经吟出"生当做人杰，死亦为鬼雄"豪壮诗句的她，心中做何感想？四顾苍茫大地，如今，国土让人家占去一半，国君让人家撵得抱头鼠窜，百姓只能流离失所，在战火中疲于奔命。国在哪，君又在哪？她这个关心时局素有骨气的弱女子又能怎么样呢？举目四顾心茫然，只能忍受着那无尽的煎熬，长叹一

李清照塑像

声，此种心情，却又怎是一个"愁"字所能了得？

大约是避难温州时，李清照写了这首著名的《添字采桑子》：

窗前谁种芭蕉？阴满中庭。阴满中庭，叶叶心心，舒卷有余情。伤心枕上三更雨，点滴霖霪。点滴霖霪，愁损北人，不惯起来听。

这是李清照南渡之初的作品，借吟咏芭蕉抒发了怀恋故国、故土之幽情。此时的她，心力憔悴，亡国之恨，丧夫之哀，终日围绕她的，只是一个难解的"愁"字。芭蕉本来是一种诗意的植物，可是与雨连在一起，就多了几分悲凉凄清之意。"一声梧叶一声秋，一点芭蕉一点愁，三更归梦三更后"，雨打芭蕉的凄凉，国破家亡的惨痛，枕上的伤心泪，到三更也流不尽，愁绪如雨丝万缕，却永远也没有消散的时候。

"芭蕉不展丁香结，同向春风各自愁"，这是李商隐的愁。"一夜不眠孤客耳，主人窗外有芭蕉"，这是杜牧的愁。"帘外芭蕉三两雨，夜长人奈何？"这是李煜的愁。"何处合成愁？离人心上秋。纵芭蕉，不雨也飕飕"，这是吴文英的愁……

与这些挥之不去的芭蕉引起的愁绪相比，李清照的愁更多了几许家仇国恨。"愁损北人，不惯起来听"，"北人"就是流浪之人，是亡国之民。中国历史上的异族入侵多是由北而南，所以"北人"逃难就成了一种历史现象、一种文学现象。在这里，"不惯起来听"又听到了什么呢？听到了祖逖中流击水的呼喊，听到了陆游"遗民泪尽胡尘里，南望王师又一年"的悲叹，听到了辛弃疾"可堪回首，佛狸祠下，一片神鸦社鼓"的无奈，这些更加重了李清照的愁绪，因为她所置身的是一个国君仓惶逃命、无暇他顾的朝代！

"悲歌可以当泣，远望可以当归。思念故乡，郁郁累累。欲归家无人，欲渡河无船。心思不能言，肠中车轮转。"这一曲汉代乐府《悲歌行》，悲歌可以当泣，

李清照咏菊像

109

心中愁肠百结，此情此绪，或许就是李清照发自内心的声音吧。对她来说，故国已经残破，亲人已经离去，此生此世，相伴她的只有浓浓的愁思了。

建炎四年（1130年）正月，李清照来到章安镇。后随御舟至温州。三月，高宗返浙西，经定海、明州、余姚，于四月十二日到越州。李清照随之到越。

关于李清照的逃难路程，黄盛璋先生经过周密考证，拟为一表，权且引用如下：

李清照逃难行踪

建炎三年

八月十八日（赵明诚死于建康）

闰八月二十六日离建康向东南逃跑离建康

在此后

闰八月二十六日次平江府

九月六日次平江府

十月八日到杭州、旋即赴浙东

十月十五日渡浙江

十月十七日到越州十六日陷滁州

十一月二十五日发越州

十一月二十八日陷建康至越州在此期间

十二月五日到明州

十二月十五日自明州入海

十六日陷杭州居奉化在此前后

十二月十七日次定海县（今定海区）

二十五日陷越州

十二月十九日次昌国县

二十日犯明州

建炎四年

正月二日、正月三日、正月十八日

泊台州港口至章安镇（晁公为来）离章安镇

七日再犯明州，张俊走台州十四日至行在，十六日陷明州到台、走黄岩、雇舟入海。

正月二十日正月二十一日

泊青□门泊温州港口随御舟之温

三月十六日、三月十九日、三月二十二日、三月二十八日、四月三日、四月五日、四月十二日

御舟复还浙西次章安镇次台州松门寨次定海县次明州城外次余姚县（今余姚市）次越州驻跸州治随御舟返越（高宗返越路线亦即清照返越之路线）

十一月，朝廷放散行在百官，十二月，清照往衢州。

　　绍兴元年（1131年），李清照流寓到了越州。《〈金石录〉后序》中说："到越，已移幸四明。不敢留家中，并写本书寄剡。后官军收叛卒，取去，闻尽入故李将军家。所谓岿然独存者，无虑十去五六矣。唯有书画砚墨可五七篋，更不忍置他所，常在卧榻下，手自开阖。在会稽，卜居土民钟氏舍，忽一夕，穴壁负五篋去。余悲恸不已，重立赏收赎。后二日，邻人钟复皓出十八轴求赏，故知其盗不远矣。万计求之，其余遂不可出。今知尽为吴说运使贱价得之。所谓岿然独存者，乃十去其七八。"真是屋漏偏遭连夜雨，李清照夫妇费尽半生心血的收藏，就这样被无耻小人以卑鄙的手段占有了，竟然十去七八，丈夫死后，收藏又被占，李清照此时不知是何等惨痛的心情！

千里江山图　北宋　王希孟

婚后再嫁又生变

绍兴二年（1132）正月，宋高宗至临安（杭州），李清照随后也跟随到杭州。三月，朝廷举行策试，张九成中进士第一名。李清照因不满其词藻华丽阿谀的文风，作一联嘲之："露花倒影柳三变，桂子飘香张九成。"柳永词《破阵子》的首句为："露花倒影，烟芜蘸碧，灵沼波暖。"张九成对策中有"澄江泻练，夜桂飘香"之语。李清照曾评柳永词"亦旧声作新声，出乐章集，大得声称于世。虽协音律，而词语尘下。"（《词论》）故此将二人并列。此联传出后，士大夫对李清照多有不满，认为她太尖刻，张九成及其亲友更是怀恨在心。

这一年，辛苦飘零、身心极度疲惫的李清照已经是四十九岁的即将半百之人了。膝下无儿无女，古人云"人生七十古来稀"，此时的李清照可以说是步入老年人的行列了，孤苦无依的她如何捱过下半生呢？恰在这时，

漱玉堂

一个叫张汝舟的人走进了她的生活。她和这个张汝舟是
怎么认识的呢？李清照后来在给翰林学士綦崇礼写的感
谢信《投内翰綦公崇礼书》中，详细而系统地说了自己
和张汝舟纠葛的过程，这也可以说是我们研究李清照和
张汝舟关系的第一手资料。从这封信里，我们知道张汝
舟是主动接近李清照的，这个人虽然官不大，却是花言
巧语、善于察言观色之徒，最起码表面上给人的感觉是
非常会体贴、关心女性。他派来的媒人也是巧舌如簧之
徒，于是，李清照嫁给了张汝舟，本以为下半生就此有
了归宿。殊不知，更大的磨难却在眼前。张汝舟很快就
暴露出他的无耻嘴脸，原来他看中的是，李清照身边尚

存的极其珍贵的金石字画和钱财。这些东西是李清照和前夫赵明诚半生的心血，她视之如生命，而且《金石录》又没有完成，怎么能轻易给人？

张汝舟的理由是你既然嫁给了我，那么你的身体连同你的一切都是我的，都应该归我支配，你怎么还会有独立的追求？两个人先是在文物占有权上闹矛盾，接着张汝舟恼羞成怒，渐渐撕下伪装的面纱，对李清照拳脚相加，大打出手。李清照在写《投内翰綦公崇礼书》中曾经如是描述自己的处境："视听才分，实难共处，忍以桑榆之晚节，配兹驵侩之下才。""驵"是贩卖牲口时候的掮客和经纪人，"侩"是市侩，就是说，张汝舟在李清照眼里就好比是牲口市场上贩卖牲口的市侩一样，她很后悔在晚年把自己许配给这么一个肮脏卑劣的市侩之徒。

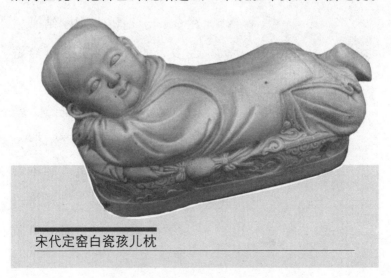

宋代定窑白瓷孩儿枕

济南李清照醴醻杳去圖照

一剪郀瘦身及春慕門光景一慷神秋尚馬悲遊子苦雨接風吊美人吾集
情多天忌剛大富于好合遺遊流酵尚有花開蓉重洗點摩高常美
易安小像主歓陽小愛所作歐啼洋江山心系妍雁有卲律
交宗王題崴久野里中書行有載大滿寵風雁年宋歐命五輝
連尋三年同系詩

姜埭知桙半

李清照小像
清 姜埙

一向视人格比生命更珍贵的李清照，哪里能忍受这种窝囊气？"身既怀臭之可嫌，唯求脱去，彼素抱璧之将往，决欲杀之。"（《投内翰綦公崇礼书》）我再也不愿意跟这满身臭气的家伙在一起了，尽快让我离开他吧。我再不离开他，他老盯着我这些文物，可能就会杀了我。但在封建社会女人要离婚谈何容易，决绝的李清照不管这些，她宁为玉碎，也不让瓦全，于是她在刚刚结婚一百多天的时候，提出了离婚请求。这在那个时代，可谓一石激起千重浪。当然，张汝舟不同意离婚，李清照也奈何他不得，于是，她本着鱼死网破的决心，告张汝舟"妄增举数之官"，这是欺君之罪。

　　原来，在宋代考科举的举子们，一生当中，他们要参加好多次考试、考核，朝廷规定，当你考试的次数达到一定数量之后，才可能按照规定授予你一定的官职。而张汝舟则虚报了考试的次数，骗取了官职。

　　这场官司的结果是张汝舟被查实，确实虚报举数入官，所以给他以撤除官职，发配到广西的柳州。宋代的法律规定，如果丈夫被流放，妻子就可以离婚了，不但可以离婚，还可以保有属于自己的财产。这样一来，李清照第一步目的达到了，就是我告你，而且告得有名有据，你被流放，那我名正言顺保住了自己的财产。但是宋代还有法律规定，就是做妻子的如果状告丈夫，丈夫果真有罪，就是自首，做妻子的也得坐两年牢。以李清

李清照塑像

芭蕉美人图 清 沙馥

照的见识，她不可能不知道还有这么一条规定，从中可以见出她的决心，宁可坐牢，也不愿意忍受无耻小人的欺凌。我们可以想象，在一千多年前的宋代官府大堂上，一个拿惯了毛笔的纤弱女子，将素手伸出枷锁中的那一刻，其坚毅决绝的神态绝不亚于被称为"霸王"的项羽引颈自刎时的勇敢。值得庆幸的是，李清照只坐了九天牢就被释放了，这段短暂而不幸的婚姻却在她心上留下了一道难以痊愈的伤痕。

从历史记载可知，李清照状告后夫之事曾经轰动一时，在她生前就有一些文人对她施以讥笑嘲讽，如：

绍兴十八年（1148年），李清照六十五岁时，胡仔在《苕溪渔隐丛话》说"易安再适张汝舟，未几反目，有启事与綦处厚云：'忍以桑榆之晚节，配兹驵侩之下才'，传者无不笑之"。

绍兴十九年（1149年），李清照六十六岁时，王灼的《碧鸡漫志》说"易安居士……再嫁某氏，讼而离之，晚节流荡无依"。

易安居士之所以能光照千古，不仅是因为她的诗词

李清照故居

文采飞扬，更重要的是她那种可贵的抗争精神及对自由人格的向往和追求，这在那个封建时代，一介弱女子在执着地做着自我是难得的，就是在当今社会恐怕也不为多见。李清照从不依附权贵，据说她和当朝权臣秦桧本是亲戚，秦桧的夫人是她的亲表姐。但是李清照鄙视秦桧的人品，从不与他们来往，就是在她的婚事遇到困难的时候，甚至在面临着牢狱之灾的险境下，她宁可去求远亲也不上秦家的门。她不满足于自己"学诗漫有惊人句"，而"欲将血泪寄山河"，她希望收复失地，"径持紫泥诏，直入黄龙城"。1141年，也就是李清照58岁这一

宋代花卉镜

宋代定窑白瓷童子诵经壶

年，岳飞被秦桧下狱害死。这件事震动全国，愁结广宇，李清照心绪难宁，又陷入无边的愁苦中。"寻寻觅觅，凄凄惨惨戚戚"，这位乱世中的美神不屈服于时世，一生都在执着地寻觅着，她所遇到的不仅是国家的衰败，生活的动荡，还有那种超越时空的孤独。

晚年的李清照没有孩子，守着一间清冷的屋子，独自一个人寂寞地生活着。她空有满腹学问，却无处可以施展，只能时时写些词来排遣自己的愁绪。偶尔有一两个旧友来访，一天一个孙姓朋友来访时，带了个十来岁

的小孩子，孩子极为聪颖，李清照不仅起了惜才之心，于是对她说，你该学点东西，我老了，愿将平生所学倾囊相授。不想这孩子脱口说道："才藻非女子事也。"李清照不由得倒抽一口冷气，一阵眩晕。童言无忌，原来才藻非女子事啊！她收集的文物汗牛充栋，她学富五车，词动京华，到头来却落得个报国无门，情无所托，学无所传，别人看她如同怪异。而她还一心想着著书立说，学传后世！女孩的话，真是对李清照想法的一种嘲讽呀！

孙氏女，后来成为南宋著名诗人陆游的夫人。陆游《渭南文集》卷三十五《夫人孙氏墓志铭》云："夫人幼有淑质，故赵建康明诚之配李氏，以文辞名家，欲以其学传夫人。时夫人始十余岁，谢不可，曰：'才藻非女子事也。'"

李清照塑像

物是人非事事休

　　李清照经历了时局动荡的飘零之苦，又经历了再嫁与离婚这样情感的折磨，这对于已经年近五十的她来说，不外是个人生活上一个沉重的打击。这个形影相吊的女性又是如何面对情感波折的呢？古人说：国家不幸诗家幸，赋到沧桑句便工。经历了生活种种磨难的李清照，不仅没有一蹶不振，她在这一时期反而创作出了大量脍炙人口的作品，或许，经历就是一种丰富的痛苦吧！

　　我们且来看李清照那首著名的《武陵春》：

　　　　风住尘香花已尽，日晚倦梳头。物是人非事事休，欲语泪先流。闻说双溪春尚好，也拟泛轻舟。只恐双溪舴艋舟，载不动许多愁。

　　这首词作于绍兴五年（1135年），就在数月前，金人渡过淮河，大举南侵。由于宰相赵鼎的坚持，高宗赵构起驾亲征，率军迎击。兵火所及，生灵涂炭，李清照避乱于金华。"风住尘香花已尽"，在没有风也没有花香的屋子里，一个人静静地待着，不知在守候什么，只是任时光老去。"日晚倦梳头"，已经日上三竿了，也不愿意打扮自己。

"物是人非事事休，欲语泪先流。"眼前的一切是如此的熟悉，可是那个熟悉的人却永远不可能再次出现，她坐在梳妆台前，看着镜子里边的自己，往事不由得浮上心头，那曾经属于两个人的快乐已经随风逝去，如今陪伴她的只是自己的满面愁容，以及那无处排遣的思绪。往事如烟，往事并不如烟，想起昔日种种，想要说什么，可是没等说出来，眼泪已经禁不住地滴落下来。古往今来，文人们创造了许多描写眼泪的名句，如"泪眼问花花不语"（欧阳修《蝶恋花》），"故国梦重归，觉来双泪垂"（李煜《菩萨蛮》），"相顾无言，唯有泪千行"（苏轼《江城子》），"执手相看泪眼，竟无语凝噎"（柳永《雨霖铃》），等等，此类诗词佳句表现了各种各样的情感。李清照写泪，先以"欲语"做铺垫，想说未说却让眼泪夺眶而出，短短五个字，看似平易，实则情感蕴藏，笔力精深，细细品来，具有一种扣人心弦的艺术魅力。

听朋友说双溪的春色很美，我也想泛着小船到溪面上玩一玩。可又怕，一叶轻舟载不动我这年年月月、日日夜夜积累起来的愁绪。以形容"愁"和"恨"来说，词史上有不少名句，如："问君能有几多愁？恰似一江春水向东流。"（李煜《虞美人》）"试问闲愁都几许？一川烟草，满城风絮，梅子黄时雨。"（贺铸《横塘路》）"便做春江都是泪，流不尽许多愁。"（秦观《江城子》）这些优美的词句将抽象的情感化为具体的形象，使看不见、摸不着的愁绪变成了可视可感之物，更使读者加深了印象。李清照则把自己的一腔愁绪搬到了船上，怕只怕，那一叶小舟载不动这许多愁。

浮生如白驹过隙，纵然常恨欢娱少，转瞬间那些美好的回忆又已湮灭成尘。陪伴自己的只是那浸入骨髓的孤独，以及物是人非、欲语泪流的苦痛。岁月无法静好，只能在风雨红尘中陪着寂寞一起慢慢变老。

李清照在晚年还写了许多优秀的词作，如《永遇乐·落日熔金》《青玉案·征鞍不见邯郸路》等等。

李清照在晚年还写了许多优秀的词作，如《永遇乐·落日熔金》《青玉案·征鞍不见邯郸路》等等。在她寄住在杭州弟弟李远家中的时候，老寡孤独，依附同样老迈的弟弟，弟弟还要常常远赴任所，离别与重逢之间，百般滋味涌上心头，于是创作了那首著名的《青玉案·征鞍不见邯郸路》：

征鞍不见邯郸路，莫便匆匆归去。秋风萧条何以度？明窗小酌，暗灯清话，最好留连处。

相逢各自伤迟暮，犹把新词诵奇句。盐絮家风人所许。如今憔悴，但余双泪，一似黄梅雨。

在送别和相逢之间，经历了多少困厄和坎坷，心里积藏多少辛酸和痛楚，世事变迁，人近老年，"相逢各自伤迟暮"，年老体衰，如此不堪，多少往事欲说还休，无限辛酸和血泪尽含于"憔悴"语中。"但余双泪，一似黄梅雨"，黄梅时节的雨连绵不断，下个不休，如今我的苦泪也像那黄梅雨了，阴雨绵绵，倾诉的，不正是李清照晚年的凄楚心境吗？

宋高宗绍兴二十五年（1155年），一代词宗在孤独、寂寞中走完了一生，她在临安去世，享年七十二岁。

或许，天妒红颜，上苍只给了她半生的美好时光；或许，在两千多年的封建社会中，杰出的女文学家真的是太屈指可数了，于是上苍为了成全这个聪慧的女性，又赋予她常人所难以承受的坎坷，让痛苦丰富她的阅历，让她的词作在婉约之外又增添了豪壮之气。她凭着极高的艺术天赋，化漫天的愁绪为含蓄蕴藉的美感，留下了经得起时间考验的不朽词作。

就像梁衡先生在《乱世中的美神》中所评价的那样："她以平民之身，思公卿之责，念国家大事；以女人之身，求人格平等，爱情之尊。无论对待政事、学业还是爱情、婚姻，她决不随波，决不凑合，这就难免负超越时空的孤独和无法解脱的悲哀。"如今，那些曾经令李清照孤独和悲哀的往事都已成为历史的尘埃，这个聪慧的女子却将自己深深地留在历史的笔墨中，时隔千年，那个于秋风黄花中寻寻觅觅的身影清晰如初，美丽依旧。